EXTRAIT
DU CATALOGUE DE J.-N. BARBA, LIBRAIRE,
PALAIS-ROYAL, DERRIÈRE LE THÉATRE-FRANÇAIS.

NOUS LE SOMMES TOUS, ou L'ÉGOÏSME, par PIGAULT-LEBRUN, 2 vol. in-12. Prix : 5 fr., et 6 fr. par la poste.

SAPHORINE, ou L'AVENTURIÈRE DU FAUBOURG SAINT-ANTOINE, par M. Merville, auteur de la Famille Glinet et de l'Homme Poli ; 2 vol in-12, 5 fr.

LES CARBONARI, ou LE LIVRE DE SANG, par R.... W.... 2 vol. in-12. Prix : 5 fr.

AGATHE, ou le Petit Vieillard de Calais, par M. Victor Ducange, auteur de Palmerin et de la Folle intrigue, pièce en trois actes; 2 vol in-12. Prix : 5 fr., et par la poste, 6 fr.

ALBERT, ou les Amans Missionnaires, par le même; 2 vol. in-12. Prix : 5 fr.
Le succès d'Agathe nous est un sûr garant du succès de celui-ci.

OEUVRES COMPLÈTES
DE PIGAULT-LEBRUN.

69 volumes in-12, figures. Prix : 150 fr.

Ses ouvrages se vendent séparément.

NOUS LE SOMMES TOUS, ou l'Égoïsme, 2 vol. in-12.	5 f.
GARÇON (le) SANS SOUCI, 2 vol. in-12, fig.	5 f.
L'OFFICIEUX, 2 vol. in-12, fig.	5 f.
ADÉLAÏDE DE MÉRAN. 4 vol. in-12.	10 f.
ANGÉLIQUE ET JEANNETON, 2 vol. in-12, fig.	5 f.
BARONS (les) DE FELSHEIM, 4 vol. in-12, nouvelles fig.	10 f.
CITATEUR (le), 2 vol. in-12.	6 f.
CENT VINGT JOURS (les), 4 vol. in-12. fig	10 f.
ENFANT (l') DU CARNAVAL, 3 vol. in-12. fig.	7 f. 50 c.
FAMILLE (la) DE LUCEVAL, 4 vol. in-12, fig.	10 f.
FOLIE (la) ESPAGNOLE, 4 v. in-12, fig.	10 f.
JÉRÔME, 4 vol. in-12.	10 f.
HOMME (l') A PROJETS, 4 vol. in-12, fig.	10 f.
MÉLANGES littéraires et critiques, 2 vol. in-12.	5 f.
MON ONCLE THOMAS, 4 vol. in-12, fig.	10 f.
MONSIEUR BOTTE, 4 vol. in-12, fig.	10 f.
MONSIEUR DE RUBERVILLE, 4 v. in-12.	10 f.
THÉATRE ET POÉSIES, 6 vol. in-12.	12 f.
UNE MACÉDOINE, 4 vol. in-12.	10 f.
TABLEAUX de Société, 4 vol. in-12, port. de l'auteur.	10 f.

HISTOIRE PHILOSOPHIQUE DE LA RÉVOLUTION DE FRANCE, depuis 1787 jusqu'au retour de Sa Majesté Louis XVIII en 1814, par Fantin-Désodoars ; 6 vol. in-8. ornés du portrait de l'auteur. Prix : 30 fr.

Cette sixième édition est un ouvrage neuf : il est entièrement refait. L'auteur y professe une grande impartialité ; il a extirpé, si j'ose m'exprimer ainsi, une poignée d'intrigans révolutionnaires de la masse de la nation française ; il la justifie aux yeux de l'Europe et de la postérité ; en un mot, il rend justice aux braves gens et aux gens braves. Cet ouvrage doit plaire aux hommes impartiaux de tous les pays.

LE CUISINIER ROYAL, ou l'Art de faire la Cuisine et la Pâtisserie, pour toutes les fortunes, avec la manière de servir une table depuis vingt-cinq jusqu'à soixante couverts. *Dixième édition*, revue, corrigée et *augmentée de cent cinquante articles*, par A. Viard, homme de bouche, de 846 articles, par M Fouret ci-devant cuisinier du roi d'Espagne ; et suivie d'une Notice sur les Vins, par M. Pierhugue, sommelier du Roi ; 1 vol. in-8. 6 fr.

Pièces du Répertoire de la Comédie française, avec toutes les traditions et changemens conformes à la représentation.

TRAGÉDIES.

Abufard, de Ducis.
Adélaïde du Guesclin, de Voltaire.
Agamemnon, de Lemercier, 3e. édition.
Alzire, de Voltaire.
Andromaque, de Racine.
Athalie, de Racine.
Britannicus, de Racine.
Cid (le), de Pierre Corneille.
Cinna, de Pierre Corneille.
Comte de Warwich (le), de Laharpe.
Coriolan, de Laharpe.
Hector, de Luce de Lancival, figure.
Gabrielle de Vergy, de Dubelloy.
Horaces (les), de P. Corneille.
Iphigénie en Aulide, de Racine.
Iphigénie en Tauride, de Guy de Latouche.
Mahomet, de Voltaire.
Manlius Capitolinus, de Lafosse.
Mariamne, de Voltaire.
Nicomède, de P. Corneille.
OEdipe, de Voltaire.
Othello, de Ducis.
Phèdre, de Racine.
Polyeucte, de P. Corneille.
Rhadamiste et Zénobie, de Crébillon.
Rodogune, de P. Corneille.
Sémiramis, de Voltaire.
Spartacus, de Saurin.
Tancrède, de Voltaire.
Venceslas, de Rotrou.
Zaïre, de Voltaire.

COMÉDIES.

Barbier de Séville (le), en 4 actes, de Beaumarchais.
Chevalier à la Mode (le), en 5 actes, de Dancourt.
Crispin rival de son maître, de Lesage.
Dehors Trompeurs (les), en 5 actes, de Boissy.
École des Femmes (l'), en 5 actes, de Molière.
Étourdis (les), en 3 actes, de M. Andrieux.
Fausses Confidences (les), en 3 actes, de Marivaux.
Fausses Infidélités (les), de Barthe.
Femme Jalouse (la), en 5 actes, de Desforges.
Femmes Savantes (les), en 5 actes, de Molière.
Fourberies de Scapin (les), en 3 actes, de Molière.
Grondeur (le), en 3 actes, de Brueys et Palaprat.
Habitant de la Guadeloupe (l'), en 5 actes, de Mercier.
Heureuse Erreur (l'), de Patrat.
Honnête Criminel (l'), en 5 actes, de Falbaire.
Jaloux sans amour (le), en 5 act., d'Imbert.
Jeux de l'Amour et du Hasard (les), en 3 actes, de Marivaux.
Mariage de Figaro (le), en 5 actes, de Beaumarchais.
Mariage secret (le), de Brousse Desfauchets, en 3 actes.
Mercure galant (le), en 4 actes, de Boursault.
Métromanie (la), en 5 actes, de Piron.
Misanthrope (le), en 5 actes, de Molière.
Misanthropie et Repentir, en 5 actes.
Nanine, en 3 actes, de Voltaire.
Plaideurs (les), en 3 actes, de Racine.
Projets de Mariage (les), de Duval.
Rivaux d'eux-mêmes (les), de Pigault.
Tartuffe (le), en 5 actes, de Molière.
Tartuffe de mœurs (le), en 5 actes, de Chéron.
Trois Sultanes (les), en 3 actes, de Favart.

Les autres pièces paraîtront successivement.

PIÈCES NOUVELLES
DE DIFFÉRENS THÉATRES.

LES VÊPRES SICILIENNES, tragédie en cinq actes, précédée du Discours d'ouverture du Second Théâtre franç.; par M. Casimir Delavigne. 3e. éd. Prix : 2 fr. 50 c.
LES COMÉDIENS, comédie en cinq actes et en vers, par le même auteur, 3e. édition. Prix : 2 fr. 50 c.
LA FILLE D'HONNEUR, comédie en cinq actes et en vers, par M. Al. Duval, 3e. édition. Prix : 3 fr.
LES TEMPLIERS, tragédie en cinq actes, par M. Raynouard, portrait. Prix : 3 fr.
CLOVIS, tragédie en cinq actes, par M. Lemercier, auteur d'*Agamemnon*. Prix : 2 fr. 50 c.
UN MOMENT D'IMPRUDENCE, comédie en trois actes, par MM. Waflars et Fulgens. Prix : 1 fr. 50 c.
LE COIN DE RUE, vaudeville en un acte, de MM. Brazier et Dumersan. 2e. éd. Prix : 1 fr. 25 c.
M. TOUCHE-A-TOUT, vaudev. burlesque, en un acte. Prix : 1 fr. 25 c.
LE SÉDUCTEUR CHAMPENOIS, ou les Rhémois, vaudeville en un acte, de MM. Dartois et Saintine. Prix : 1 fr. 25 c.
RETOUR DE WERTHER, ou les derniers élans de sensibilité, comédie-parade vaudeville, par G. Duval, auteur du premier Werther. 1 fr. 25 c.
L'HOMME POLI, comédie en cinq actes et en vers, par M. Merville, auteur de la Famille Glinet et des Deux Anglais, 2 fr. 50 c.
LA POSTE DRAMATIQUE, revue critique de Marie Stuart, de Conradin, de l'Homme poli, etc. vaudeville. 1 fr. 25 c.
FLATTEUR (le) comédie en cinq actes et en vers, par M. Gosse, auteur du Médisant. 2 fr. 50 c.

VIES (les) DES HOMMES ILLUSTRES DE PLUTARQUE, traduites du grec par Amyot, grand-aumônier de France; avec des Notes et observations, par MM. Brottiers et Vauvilliers, nouvelle édition, revue, corrigée et augmentée par E. Clavier. 25 vol. in-8., ornés de figures et portr. Prix : 110 fr.
DICTIONNAIRE FRANÇAIS-ANGLAIS ET ANGLAIS-FRANÇAIS, par Boyer. 2 vol. in-8. 20 fr.
GALERIE DES PERSONNAGES ILLUSTRES, de 1686 à 1792, contenant l'histoire abrégée de soixante-treize hommes célèbres, depuis le grand Condé jusqu'à Gustave III, roi de Suède, 2 vol. in-8. 10 fr.
GALERIE MILITAIRE, ou Notice historique des généraux en chef et de division, amiraux, depuis le commencement de la révolution jusqu'à l'an 13, 7 gros vol. in-12, ornés de portraits, dédié à la Légion-d'Honneur. 24 fr.
HISTOIRE de la Décadence et de la Chute de l'Empire Romain, par Gibbon. Paris, 1818. 13 vol. in-8. 130 fr.
HISTOIRE DES EMPEREURS, par Crevier. 6 vol. in-4. 36 fr.
JOHN BULL, ou Voyage à l'île des Chimères, par F. J. A. Léger. 3 vol. in-12, jolies figures, dessinées par Chasselat. 7 fr. 50 c.
Cet ouvrage n'a pu être annoncé dans le Journal de la Librairie. (*Index.*)
OEUVRES CHOISIES DU COMTE DE TRESSAN. 12 vol. in-8., avec beaucoup de figures. 40 fr.
OEUVRES COMPLÈTES DE LESAGE ET PREVOST. 55 vol. in-8., avec figures. 300 fr.
OEUVRES DE D'ARNAULT. 11 volumes in-12, fig. 18 fr.
TORRENT (le) DES PASSIONS, par l'auteur de la princesse de Nevers, avec jolies figures, 1818. 6 fr.
EUGÈNE ET GUILLAUME, par Picard, membre de l'institut, 4 gros volumes in-12. 12 fr.

ROMANS.

A QUELQUE CHOSE MALHEUR EST BON, ou le bien à côté du mal, histoire vraisemblable, 1 vol, in-12. 2 fr.
ALBERT, ou le Désert de Strathavern; deuxième édition, 3 vol. in-12, avec fig. et musique. 5 fr.
ALCIMADURE, ou le Premier Musicien, in-12, fig. 1 fr. 25 c.
ALINE ET DERMANCE, par madame de Choiseul-Meuse, 3 vol. in-12. 6 fr.
AMBROSINA, 2 vol. in-12, fig. 5 fr.
AMINTOR ET THEODORA, 3 volumes in-18. 3 fr.
AMIS (les) DE HENRI IV, par Sewrin, 3 vol. in-12, portraits. 6 fr.
AMITIÉ (l') MYSTÉRIEUSE, 3 volumes in-12. 5 fr.
AMOUR ET SCRUPULE, par madame ***, 4 vol. in-12. 8 fr.
AMOUR ET GALANTERIE, par Saint-Victor, 2 vol. in-12, fig. 5 fr.
ANNEAU (l') LUMINEUX, ou les Mystères de l'Orient, contenant les Aventures de Frédérick de Dorna, traduit de l'allemand, 1 vol. in 12, fig. 2 fr.
APRÈS-SOUPERS (les) D'ALEXANDRIE, 2 vol. in-12. 3 fr.
BANDIT (le) sans le vouloir et sans le savoir; par J. G. A. Cuvelier, 3 volumes in-12. 6 fr.
BIANCA CAPELLO, roman dramatique, 2 vol. in-12. 3 fr.
BON HOMME (le) BLONDEL, 2 volumes in-12. 4 fr.
BUSIRIS, ou le Nouveau Télémaque, 2 vol. in-12. 3 fr.
CÉLESTINE, ou les Époux sans l'être, 4 vol. in-18, fig. 4 fr.
CHARLES ET ANGÉLINA, 2 volumes in-12, fig. 3 fr.
CINTHELIA, ou une sur dix mille, par P. L. Lebas, 6 vol. in-18, fig. 6 fr.
CITATEUR (le), par Pigault-Lebrun, 2 vol. in-12. 5 fr.
CHRISOSTOME, père de Jérôme, 2 vol. in-12. 4 fr.
CLEF (la) D'OR, ou l'Astrologue fortuné, devin, in-12. 1 fr. 50 c.
COMPÈRE (le) MATHIEU, 4 volumes in-18. 5 fr.
CONTES MORAUX, par Imbert, 2 vol. in-12. 3 fr.
DANGERS d'un Mariage forcé, 2 vol. in-18. 2 fr.
DES DIFFÉRENTES ESPÈCES de vues de l'homme et des animaux, comparées entre elles; par l'abbé Moussaux, professeur émérite au collége de la Rochelle, 1 vol. in-12. 2 fr.
DUC (le) DE LAUZUN, par madame Wimpfen de Sartory, 2 vol. in-12. 4 fr.
ELFRIDA, ou l'Ambition maternelle, par Darnaud, 3 vol. in-12, fig. 3 fr.
ÉLIEZER ET NEPHTALI, in-8., par Florian. 2 fr.
ELVIRE, ou la Femme innocente et perdue, 2 vol. in-12. 3 fr.
ÉMILIE MELVILLE, ou le Danger des soupçons, traduit de l'anglais par madame de St.-H., 2 vol. in-12. 3 fr.
EMMANUELLA, ou la Découverte prématurée; par Mme. Elise Haywood. 1 f. 50 c.
ENFANT (l') du crime et du hasard; par A. Charlemagne, 4 volumes in-12, figures. 8 fr.
ENFANT (l') de famille. 1 fr. 50 c.
ENTRE CHIEN ET LOUP, 2 volumes in-12. 3 fr.
ÉPISODES de la Vie d'une jolie Femme, 3 vol. in-12. 5 fr.
EUDOXIE, ou l'Amie généreuse; par Henri V..... N.. 2 vol. in-12 3 fr.
EUFRASIA, ou les Ruines du château de Floreska, 2 vol. in-12. 3 fr.
EVA, 3 vol. in-12. 5 fr.
FAMILLE (la) WIÉLAND; par Pigault-Monbaillarcq, 4 vol. in-12, fig. 9 fr.
FORET (la), ou le Château de Saint-Alpin, 2 gros vol. in-12, fig. 4 fr.
FRÉDÉRIC DE GUÉREART, duc de Lorraine, par Varez, 2 vol. in-12. 3 fr.
FRÉDÉRIC LATIMER, ou Histoire d'un jeune homme à la mode, traduit de l'anglais, 2 vol. in-12. 3 fr.
GÉRALDINE, traduit de l'anglais, 3 vol. in-12, fig. 5 fr.
HECTOR MARTIN, 2 volumes in-12, figures. 4 fr.
HÉLOISE ET ABEILARD, ou les Victimes de l'Amour, 3 vol. in-12, fig. 3 fr.
HEUR ET MALHEUR, 2 vol. in-12, figures. 3 fr.
HEYDER AZEIMA TIPPOOSAIB, histoire orientale, 3 vol. in-12, portr. 6 fr.
HISTOIRE de Pugatachew, par Hordé, 2 vol. in-12. 3 fr.
HISTOIRE de l'ordre Royal et militaire de Saint-Louis. Suivi des ordonnances du Roi, 1 vol. in-12, portrait. 2 fr.
IRMA; ou les Malheurs d'une jeune Orpheline, 4 vol. in-18, fig. 4 fr.
ISAURE D'AUBIGNY, par Pigault-Maubillacq, 4 vol. in-12, ornés de musique. 9 fr.
ISORE, ou le Tombeau de Delphine, 2 vol. in-12. 3 fr.
JEUX, Caprices et Bizarreries de la nature, par Dorvigny, 3 vol. in-12, fig. 5 fr.
JULIETTE BELFOUR, de madame Lagrave, in-12, fig. 2 fr.
LEODGARD DE WALHEIM, par l'auteur du Duc de Lauzun, 2 v. in-12. 3 fr.
LIDIE, ou les Mariages manqués, par madame Simon Candeille, auteur de Catherine ou la Belle Fermière, 2 v. in-12. 6 fr.
LINDORF ET CAROLINE, 3 volumes in-12. 5 fr.
LOUISA, ou la Chaumière, 2 v. in-12. 3 fr.
MA TANTE GÉNEVIÈVE, 4 vol. in-18, figures. 4 fr.
MADAME BOTTE, 4 v. in-18, fig. 4 fr.
MALHEUR ET BONHEUR, roman moral, 1 vol. in-12. 1 fr. 50 c.
MÉMOIRES secrets de la duchesse de Portsmouth, 2 vol. in-12. 3 fr.
MISS LOVELY, ou le Domino noir, 3 vol. in-12. 5 fr.
MOEURS DU JOUR, ou la Galanterie expérimentale réduite en système; par Guyot du Vignoul, 2 vol. in-12. 3 fr.

MON HISTOIRE, *ou* l'Homme aux Trois Noms, 4 vol. in-12. 8 fr.
NATALIE DE BELLOZANE, *ou* le Testament, 2 vol. in-12. 3 fr.
NOUVEAU (le) DIABLE BOITEUX, 4 v. in-12, fig. 7 fr. 50 c.
NOUVEAU (le) ROMAN COMIQUE, 4 vol. in-18, fig. 3 fr.
OBSERVATEUR (l') RUSSE, *ou* Aventures et Réflexions critiques d'un officier russe à Paris, 2 vol. in-12; par l'auteur de la Princesse de Nevers. 5 fr.
PARVENU (le) DU JOUR, caricature physique et morale, 1 vol. in-12. 2 fr.
PAULINE, *ou* le Moyen de rendre les femmes heureuses, 2 vol. in-12. 3 fr.
PAUVRE (la) ORPHELINE, 2 volumes in-12, fig. 3 fr.
PETIT (le) SANCHO, roman narcotique, 2 vol. in-12, fig. 2 fr.
PRIEURE DE SAINT-BERNARD (le), 2 vol. in-12. 3 fr.
PRINCE (le) TOT OU TARD, 1 vol. in-18, fig. 1 fr.
PRINCESSE (la) DE CLÈVES, suivie des Lettres à madame la marquise de ***, sur le roman, et de la comtesse de Tendes; nouvelle édition, 2 gros vol. in-12, bien imprimés. 4 fr.
PRINCESSE (la) DE NEVERS, *ou* Mémoires du Sire de la Touraille, par le baron de R.... Saint-Cyr, seconde édition, 2 vol. in-12. 5 fr.
QU'EST-CE QUE L'AMOUR? *ou* les Erreurs d'un soi-disant philosophe, 2 vol. in-12, fig. 3 fr.
RENCONTRE (la) AU LUXEMBOURG, *ou* les quatre bonnes femmes, par madame Maurer, 4 vol. in-12. 8 fr.
REVENANS (les) VÉRITABLES, *ou* Aventures du chevalier Morny, 2 vol. in-12, figures. 3 fr. 60.
ROMANS (les) ET CONTES de Voltaire, 4 vol. in-18, portrait. 4 fr.
SABINA D'HERFELD, *ou* les Dangers de l'imagination; lettres prussiennes, recueillies par R.... Saint-Cyr, quatrième édition, 2 vol in-12. 4 fr.
SAINT-JULIEN ET ASPASIE, 2 vol. in-12. 3 fr.
SAINT-CLAIR DES ILES, par madame de Montolieu, 4 vol. in-12. 10 fr.
SÉVERINE, par madame d'Hautpoult, 6 vol. in-12, nouv. édition. 8 fr.
SIGISMAR, 3 vol. in-12. 5 fr.
SILVINE, fille séduite, 1 v. in-12. 1 f. 50 c.
SIX (les) NOUVELLES, de Fiévée, contenant le Divorce, le faux Révolutionnaire, l'Héroïsme des femmes la Jalousie, l'Egoïsme et l'Usure, 2 v. in-12. 3 fr.
SYLVESTRE, *ou* Mémoires d'un centenaire, par Demainieux, 4 v. in-12. 6 fr.
TROIS (les) B, *ou* Aventures d'un Boiteux, d'un Borgne et d'un Bossu; par Armand Charlemagne, auteur de l'Enfant du Crime et du Hasard, 4 vol. in-12. 8 fr.
TROIS MOIS DE MA VIE, *ou* Histoire de ma famille, par M. Dumaniant, 3 vol. in-12. 6 fr.
TULIKAN, fils de Gengiskan, *ou* l'Asie consolée, par Antoine Gibelin, 1 volume in-8. 3 fr.
WOLDEMAR, trad. de l'allemand, 2 vol. in-12, fig. 4 fr.
ZELUCCO, *ou* l'Avare puni, 4 volumes in-18. 3 fr.
ZOFLOYA, *ou* le Maure, histoire du quinzième siècle, traduit de l'anglais par madame de Viterne, 4 v. in-12, fig. 8 fr.

OUVRAGES DIVERS.

ABÉCÉDAIRE récréatif, orné de belles gravures propres à piquer la curiosité des enfans, in-12. 1 fr.
ABRÉGÉ de la Grammaire française de Lhomond, in-12. 1 fr.
ACHILLE A SCYROS, poëme en six chants, par Luce de Lancival, in-8. 3 fr.
AGES (les) FRANÇAIS, poëme en douze chants; par Lemercier, auteur d'Agamemnon, in 8. 2 fr.
AMI (l') DES FEMMES, *ou* Lettres d'un Médecin, concernant l'influence de l'habillement des femmes, sur leurs mœurs et leur santé, par Marie de Saint-Ursin, in-8, orné de sept gravures, 2e édition augmentée. 8 fr.
ANTI-GASTRONOMIE, *ou* l'Homme de ville sortant de table, poëme en 4 chants, manuscrit trouvé dans un parc, augmenté de remarques importantes, in-18, figures. 1 fr. 80 c.
ARITHMÉTIQUE DÉCIMALE, 1 vol. in-8. 3 fr.
ART DE CONSERVER LA SANTÉ, *ou* Manuel d'Hygiène, par G. G. Pissis, médecin, ex-professeur de chymie à l'Ecole centrale du département de la Haute-Loire, 1 vol. in-8. 5 fr.
CATÉCHISME HISTORIQUE, par l'abbé Fleury, 1 vol. in-12, portrait. 2 fr. 50 c.
CICERONIS opera philosophica de officiis libri tres; de Senectute, de amicitiâ dialogi; paradoxa ad M. Brutum; somnium Scipionis; Tusculanarum questionum libri, 1 et 5, in-12. 2 fr. 50 c.
CONTES DES FÉES, de Perrault, 2 vol. in 18, jolies figures. 2 fr. 50 c.
Idem, 1 vol. in-18, fig. coloriées. 1 fr. 50 c.
CONTES MORAUX pour l'instruction de la jeunesse, par madame Leprince de Beaumont, 3 vol in-12. 5 fr.
DICTIONNAIRE abrégé de la fable, par Chompré, 1 vol. in-18. 2 fr.
DICTIONNAIRE critique des sept cents auteurs vivans, par un ermite qui n'est pas mort, 1 vol. in-8. 5 fr.
DICTIONNAIRE de Trévoux, 8 vol. in-folio, relié. 120 fr.
DICTIONNAIRE abrégé des Mythologies de tous les peuples policés et barbares, tant anciens que modernes, augmenté d'un nombre considérable d'articles concernant les Divinités et les Cérémonies du culte public des Persans, des Scandinaves, des Borrusiens ou anciens Prussiens, des Celtes, des Gaulois, des Japonais, des

Chinois, des Tartares, etc., qui ne se rencontrent dans aucun autre Abrégé de Mythologie, 2 vol. in-18, imprimé sur grand raisin. 6 fr.

On a réuni dans cet abrégé tout ce qu'il est essentiel de connaître touchant la Mythologie universelle, et en éloignant de cet ouvrage une multitude de noms qui y sont étrangers, et en évitant surtout de répéter le même jusqu'à cinq et six fois, avec des orthographes différentes; on y a fait entrer une quantité considérable d'articles concernant la Mythologie japonaise, chinoise, scandinave, tartare, gauloise, etc.

DICTIONNAIRE des synonymes, par Girard Beauzée, 2 gros vol. in-12. 6 fr.
DICTIONNAIRE français-italien et italien-français, d'après Alberti, 2 vol. in-12, oblong. 12 fr.
DICTIONNAIRE portatif de la langue française, composé sur le système orthographique de l'Académie, par Philip. La Madeleine, 2e. édition, revue, corrigée et augmentée, 2 vol. in-18. 6 fr.
DISCOURS sur l'Histoire universelle de Bossuet, 2 vol. in-12. 5 fr.
DITHYRAMBE sur l'immortalité de l'âme, par J. Delille, in-18. 75 c.
DRAGON (le) ROUGE, 1 vol. in-8. 75 c.
ÉCOLE DU MONDE OUVERTE A LA JEUNESSE, ou Guide des jeunes gens prêts à entrer dans le monde, in-12. 2 f. 50 c.
ÉDUCATION DES FILLES, par Fénélon, 1 vol. in-18. 1 f. 25 c.
ÉLÉMENS DE PYROTHECHNIE, divisés en 5 parties; la première contenant le Traité des matières; la deuxième, les Feux de terre et d'eau; la troisième, les Feux d'aréostation; la quatrième, les Feux de théâtre; et la cinquième les Feux de guerre; suivi d'un vocabulaire et de la description de quelques Feux d'artifice, etc. 12 f.
ÉLÉMENS théoriques et pratiques du calcul des changes étrangers, rendu commun à toutes les nations, par S.-L. Rozaz, 2e édit., 1 vol. grand in-8. 6 f.
ELMIRE, ou la destruction de l'inquisition, poëme, par L. Ductet, de Dole, in-8. 1 f.
ÉPITRES ET ÉVANGILES pour tous les dimanches et fêtes de l'année, 1 vol. in-18. 1 f. 50 c.
ESPRIT DU MERCURE DE FRANCE, depuis son origine jusqu'à 1792, ou choix des meilleures pièces du journal tant en prose qu'en vers, contenant des anecdotes curieuses, littéraires et politiques, des réflexions morales et pensées philosophiques; des chansons, épigrammes, madrigaux et autres pièces de poésie, des contes, nouvelles, des dissertations historiques et des notices biographiques sur les savans, etc. 3 vol. in-8. 15 f.
ESSAI sur le mécanisme de la guerre, 1 vol. in-8. 4 f.
ÉTUDES SUR MOLIÈRE, ou observations sur la vie, les mœurs, les ouvrages de cet auteur et sur la manière de jouer ses pièces, par Cailhava, 1 vol. in-8. 2 f. 50 c.
EXTRAIT D'HISTOIRE NATURELLE à l'usage des enfans, 1 vol. in-18. 1 f. 50 c.

FAUX (les) MAÇONS, satire, suivie de poésies, par Delorme, orateur de la loge de la Parfaite-Réunion, in-8. 1 f. 50 c.
FÊTES du mariage de la princesse Marie-Louise, archiduchesse d'Autriche, 1 vol. in-12, orné de fig. 2 f.
GALERIE DE L'ANCIENNE COUR, 4 vol. in-12. 10 f.
GRAMMAIRE (la) EN VAUDEVILLES, ou Lettres de Caroline sur la grammaire française, in-12. 2 f.
GRAMMAIRE LATINE, de Lhomond, in-12. 1 f. 50 c.
GRAND (le) GRIMOIRE, 1 vol. in-18. 75 c.
HISTOIRE DE BONAPARTE, depuis sa naissance jusqu'à la bataille de Waterloo, 4 vol. in-12. 12 f.
HISTOIRE de la décadence de la monarchie française et des progrès de l'autorité royale à Copenhague, Madrid, Vienne, Stockholm, Berlin, Pétersbourg, Londres, depuis l'époque où Louis XIV fut nommé le Grand, jusqu'à la mort de Louis XVI, par G.-L. Soulavie, membre de plusieurs académies, 3 vol. in-8. atlas. 15 f.
HISTOIRE DE L'EUROPE MODERNE, depuis l'irruption des peuples du nord dans l'empire romain, jusqu'en 1789, par Bonneville, 2 vol. in-8. 10 f.
HISTOIRE DU ROI HENRI-LE-GRAND, par messire Hardouin Peréfixe, 1 vol. in-12, port. 2 f. 50 c.
HISTOIRE du Théâtre français pendant la révolution, par Etienne et Martainville, 4 vol. in-12, avec les portraits de Brizard, Préville, Désessart et madame Joly. 8 f.
HISTOIRE DU VICOMTE DE TURENNE, par Raguenet, in-12, avec 15 médaillons. 3 f.
INSTRUCTION DE LA JEUNESSE, ou Notions élémentaires sur la langue française, la géographie, la mythologie, l'histoire grecque et romaine et l'histoire de France, 2 vol. in-12. 4 f.
LANGUE (la) DES CALCULS, par Condillac, 1 vol. in-8. 5 f.
LETTRES DE MADAME DE POMPADOUR, 2 vol. in-12. 5 f.
LETTRES FAMILIÈRES DE MONTESQUIEU, suivies d'Arsace et Isménie, 1 gros vol. in-12. 2 f. 50 c.
LETTRES ORIGINALES DE MIRABEAU, 8 vol. in-18, portrait. 19 f.
LETTRES SUR L'ANGLETERRE, ou Réflexions sur la philosophie du 18e siècle, par Fiévée, in-8. 2 f. 50 c.
MÉMOIRES D'ALBOUY-DAZINCOURT, 1 vol. in-8, portrait. 3 f. 60 c.
MÉTHODE D'ENSEIGNEMENT, par Mme. de Genlis, in-12. 2 f.
MŒURS DES ISRAÉLITES ET DES CHRÉTIENS, par Fleury, 1 volume in-12. 2 f.
MORALE (la) EN ACTION, ou Élite des faits mémorables, d'Anecdotes instructives propres à former le cœur des jeunes gens par l'exemple de toutes les vertus, 1 vol. in-12, orné de figures. 2 f. 50 c.
MORT D'ABEL par Gessner, 2 volumes in-18. 1 f. 50 c.

MYTHOLOGIE RAISONNÉE à l'usage de la jeunesse, 1 vol. in-8. 1 f. 50 c.
NOUVEAU TESTAMENT, traduit en français sur la Vulgate, par l'abbé Valart, in-12. 2 f.
NUITS (les) D'YOUNG, 4 vol. in-18. 4 f.
NUMA POMPILIUS, second roi de Rome, par Florian. 2 vol. in 18. 2 fr.
OEUVRES CHOISIES DE PIRON, 3 vol. in-18, fig. 3 fr.
OEUVRES COMPLÈTES DE P. POIVRE, précédées de sa vie et accompagnées de notes, in-8. 3 fr.
OEUVRES COMPLÈTES DE BOILEAU, 3 vol. in-18, fig. 6 fr.
OEUVRES DE BOILEAU DESPRÉAUX, 1 vol. in-18. 1 fr. 50 c.
OEUVRES DE GESNER, 4 vol. in-18, portrait. 4 fr.
OEUVRES DE MOLIÈRE, 8 vol. in-18, fig. 12 fr.
OEUVRES DE PIRON. 9 vol. in-12. fig. 18 f.
OEUVRES INÉDITES DU PRÉSIDENT HENAULT, in-8. 5 fr.
OEUVRES PASTORALES DE MERTGHEN, trad. de l'Allemand, nouv. édit. 2 vol. in-18. 2 fr.
ORGANISATION CIVILE ET RELIGIEUSE DES ISRAËLITES DE FRANCE ET D'ITALIE, 1 vol. in-8. 4 fr.
PARFAIT (le) AGRICULTEUR, ou Dictionnaire portatif et raisonné d'Agriculture, par Cousin d'Avalon, 2 volumes in-12. 5 fr.
PARISIEN (le) A LONDRES, ou Avis aux Français qui vont en Angleterre, avec six planches et le plan de Londres, par Decremps, 2 vol. in-12. 3 fr.
PENSÉES, remarques et observations de Voltaire, ouvrage posthume, fig. imprimé par Didot aîné, in-12. 1 fr. 50 c.
Idem, papier fin d'Angoulême. 2 fr.
Idem, papier d'Essonne. 3 fr. 60 c.
Idem in-8. pap. nom de Jésus vélin. 12 fr.
PERSONNAGES célèbres des rues de Paris, par Gouriet. 2 vol. in-8. 10 fr.
PETIT DICTIONNAIRE de l'Académie française, ou abrégé de la 5e. édit. du Dictionnaire de l'Académie, par J.-B. Masson, 2 vol. in-18, grand raisin, broché. 6 fr.
PETIT (le) NEUVEU de Boccace, 3 vol. in-8. 9 fr.

PIÈCES INÉDITES des règnes de Louis XIV et Louis XV, 2 vol. in-8. 12 fr.
PRÉCIS de Médecine pratique de Lieutaul, 4 vol. in-12. 10 fr.
QUESTIONS de littérature légale, par Charles Nodier, auteur de Jean Sbogar et de Thérèse Aubert, 1 vol. in-8. 2 fr. 50 c.
REVUE des Comédiens, ou critique raisonnée de tous les acteurs, danseurs et mimes de la capitale, par M***, vieux comédien, 2 vol. in-18. 3 fr. 60 c.
SOIRÉES SOUS LE VIEUX TILLEUL, petit cours de morale, par Breton, 2 vol. in-18. 3 fr.
SOUVENIRS D'UN DÉPORTÉ, par Villiers, 1 vol. in-8. 3 fr.
TABLEAU DE L'AMOUR CONJUGAL, ou Histoire complète de la génération de l'homme, par Nicolas Venette. Entièrement refondu et mis à la hauteur des connaissances modernes, 2 vol. in-12, 19 fig. 6 fr.
Le même, 4 vol. in-18. 4 fr.
TOILETTES (les) DU JOUR, poëme burlesque en 4 chants, 1 vol. in-12. 3 fr.
Le même papier vélin. 4 fr.
TOUT PARIS EN VAUDEVILLE, 1 vol. in-12. 2 fr.
TRAITÉ DES CRIMES, par Soulages, 3 vol. in-12. 6 fr.
VIE DE DALEYRAC orné de son portrait, 1 vol. in-12. 1 fr 50 c.
VIE DE MALESHERBES, in-12. 2 fr.
VIE DU DUC D'ORLÉANS, 1 vol. in-12, portrait. 2 fr.
VIE LITTÉRAIRE DE RIVAROL aîné, 2 vol. in-12. 4 fr.
VOYAGE AU MONTAMIATA et dans le Siennois, par Santi, 2 vol. in-8, ornés de 8 planches en taille-douce. 10 fr.
VOYAGE de Candide fils au pays d'Eldorado, vers la fin du 18e siècle, 2 vol. in-8, par Bellin. 6 fr.
VOYAGE du Poëte, poëme, par St.-Victor, 1 vol. in-12, pap. vélin. 2 fr.
VOYAGE dans l'ancienne France sous Clovis et Charlemagne dans les 5e, 6e et 8e siècles de l'ère chrétienne, par Ant. Miéville, 2 vol. in-12. 6 fr.
VOYAGE en Italie et en Sicile, fait en 1801 et 1803 par M. Creuzé Delesser, membre du Corps-Législatif, in-8. 5 fr.

CHANSONNIERS ET AMUSEMENS DE SOCIÉTÉ.

ANGOTIANA, ou Calembourgs de madame Angot, in-18. 1 fr.
DICTIONNAIRE INSTRUCTIF ET AMUSANT, ou Recueil de découvertes, inventions, faits intéressans, événemens remarquables et anecdotes curieuses; par Maugenet, 2 vol. in-12. 6 fr.
ENCYCLOPÉDIE COMIQUE, ou Recueil anglais de gaieté, bons mots, plaisanterie, de traits d'esprits, etc. Version libre de l'anglais, par Bertin, 2 édit. fig. 6 fr.
ENCYCLOPÉDIE COMIQUE, ou Recueil français, anecdotes, traits d'esprits, bons mots, épigrammes, calembourgs, 3 vol. in-12, portraits. 6 fr.
GRIVOISIANA, Recueil facétieux et amusant, par Martainville, in-18, fig. 1 fr. 25 c.

NOUVEAU TRAITÉ du jeu de billard, in-12. 1 fr. 50 c.
OMBRES (les) DE LA FANTASMAGORIE, in-12, avec fig. 1 fr. 50 c.
OMNIANA, ou Extrait des archives de la société des gobe-mouches, gros vol. in-12, fig. 3 fr.
SAVANS (les) de société, ou Recueil complet de tous les jeux de société, troisième édit. 2 vol. in-12, ornés de fig. 6 fr.
SOUPERS (les) de Momus, Recueil de chansons et poésies fugitives, 1 vol. in-18. grav. et musique. 2 fr.
SPHINX (le) aux OEdipes présens et à venir, Recueil choisi d'énigmes, charades et logogriphes modernes, par un sorcier, in-12. 2 fr.

SUPPLÉMENT
A L'EXTRAIT DU CATALOGUE
DE J.-N. BARBA.

AMADIS DE GAULE, poëme; par M. Creuzé-Delesser; troisième édition. 1 gros vol. in-18, fig. 3 fr.

AMBASSADE de lord Amherst à la Chine; journal contenant un récit exact de tous les faits, événemens, négociations, et l'itinéraire de l'embouchure du fleuve Pei-Ho jusqu'à Canton; suivi d'observations sur le pays, la politique, les mœurs et les coutumes de la nation chinoise : 2 vol. in-8. ornés de cartes et gravures; par Henri Ellis; traduit de l'anglais par le colonel Mac Carthy. 2 vol. in-8. fig. 15 fr.

BOTANIQUE DE LA JEUNESSE, contenant les principes de botanique, etc, etc. 1 vol. in-18. orné de trente planches coloriées avec soin. 5. francs. — Le même, figures noires, 3 fr.

COMMENTAIRE SUR L'ESPRIT DES LOIS, de Montesquieu, suivi d'observations inédites de Condorcet sur le vingt-neuvième livre du même ouvrage. Par M. le comte Destutt Tracy. 1 vol. in-8. 6 fr.

CONSIDÉRATIONS sur les principaux événemens de la révolution française, ouvrage posthume de madame de Staël Holstein. Troisième édition. 3 vol. in-8. 18 fr.

COURS DE DÉCLAMATION par M. Larive. 3 vol. in 8. 15 fr.

DES TROPES, ou les figures des mots, poëme en quatre chants, avec des notes, un extrait de Denis d'Halycarnasse sur les Tropes d'Homère, et des recherches sur les sources et l'influence du langage métaphorique; dédié à la jeunesse studieuse, par M. le comte F. de Neufchâteau. 1 vol. in-12. 2 fr. 50 c.

ENFANT (l') PRODIGUE, poëme en quatre chants; par M. Campenon, auteur de la Maison des Champs. 1 vol. in 8. bien imprimé, papier fin d'Angoulême, avec quatre gravures; seconde édition. 6 fr.

FALKENBERG, ou l'Oncle; imité de l'allemand de madame Pichler, par mad. Isabelle de Montolieu. 2 vol. in-12. 4 fr.

GALERIE PHYSIONOMIQUE DES DAMES, ou l'Art de juger du caractère des femmes, leurs gestes, leurs démarches et leurs attitudes. 1 vol. in-18. avec 24 planches coloriées. 3 fr.

HISTOIRE abrégée des jésuites et missionnaires pères de la foi, où il est prouvé que ces religieux et toutes corporations ecclésiastiques, régies par l'institut de la société de Jésus ne sont tolérables chez aucunes nations policées. 2 vol. in-8. 12 fr.

HISTOIRE DE FRANCE pendant le dix-huitième siècle. Par C. Lacretelle jeune. 6 vol. in-8. Quatrième édition. 30 fr.

HISTOIRE DE FRANCE pendant les guerres de religion depuis le règne d'Henri II, y compris celui d'Henri IV. 4 vol. in-8. 24 fr.

L'ART DE DINER EN VILLE, à l'usage des gens de lettres, poëme en quatre chants; troisième édition, revue et corrigée, 1 vol. in-18. 2 fr.

LA MAISON DES CHAMPS, poëme; par M. Campenon, de l'Académie française. 1 vol. in-8. grand raisin. 3 fr.

LA TABLE RONDE, poëme; par M. Creuzé-Delesser; troisième édition. 1 gros vol. in-18, fig. 3 fr.

LE CID; romances espagnoles, imitées en romances françaises; par M. Creuzé-Delesser. in-18, br. 2 fr.

LE CREVIER DE LA JEUNESSE, ou Choix des traits les plus intéressans de l'histoire des empereurs romains, depuis Auguste jusqu'à Constantin-le-Grand, et accompagné de quelques réflexions. 1 fort vol. in-12 de 500 pages, avec fig. 4 fr.

LETTRES SUR PARIS extraites de la Minerve; par M. Étienne. 2 vol. in-8. 10 fr.

MÉMOIRES SECRETS sur la vie privée et politique de Lucien Bonaparte, prince de Canino, liés aux principaux événemens du règne de son frère, et contenant sa participation à la révolution du 20 mars; rédigés sur sa correspondance et sur les pièces authentiques et inédites; 2 vol. in-12, fig. 5 fr.

MÉMOIRES de la comtesse de Litchtenau, écrits par elle-même en 1808, suivis d'une correspondance relative à ses mémoires, et tirée de son portefeuille : traduit de l'allemand. 1 vol. in-8. 5 fr.

MÉMOIRES de la princesse Frédérique-Sophie-Wilhelmine de Prusse, margrave de Bareith, sœur de Frédéric-le-Grand, écrits de sa main : quatrième édition. 2 vol. in-8. bien imprimés, beau papier. 9 fr.

NOUVEAUX PRINCIPES d'économie politique, ou de la richesse dans ses rapports avec la population, par Sismonde de Sismondi. 2 vol. in-8. 12 fr.

PHYSIONOMIES NATIONALES DES PEUPLES, ou les Traits de leur visage comparés à leurs mœurs et caractères. 1 v. in-18. grand raisin vélin, orné de 25 planches coloriées. 4 fr.

ROLAND, poëme imité de Turpin, Boyardo, l'Arioste, etc. etc. et complétant, avec la Table Ronde et Amadis, le poëme de la Chevalerie; par M. Creuzé-Delesser. 3 vol. in-18, ornés de jolies gravures. 6 fr.

ROLLIN DE LA JEUNESSE ou morceaux choisis des Histoires Ancienne et Romaine, précédés d'un abrégé de la vie de Rollin, et accompagnés de courtes réflexions. Deuxième édition revue et augmentée. 2 vol. in-12 avec trente-deux fig. 6 fr.

TABLEAU DES CROISADES pour la conquête de la Terre-Sainte; suivi d'une courte description des principaux endroits de la Syrie et de la Palestine qui y sont mentionnés; par A. Caillot, ancien maître ès-arts. 2 vol. in-12 avec gravures. 6 fr.

VIE PRIVÉE, politique et militaire du prince Henri de Prusse, frère de Frédéric II. 1 vol. in-8. de 360 pages, imprimé sur beau papier carré fin, en caractère cicéro neuf, orné de son portrait. 5 fr.

VOYAGE dans la partie septentrionale du Brésil depuis 1809 jusqu'en 1815, comprenant les provinces de Fernambuco (Fernambouc) Seara, Paraïba, Maraguan, etc. par Henry Koster, traduit de l'anglais par A. Jay. 2 vol. in-8. ornés de huit planches coloriées et deux cartes. 15 fr.

VOYAGE AU LEVANT pendant les années 1817 et 1818, par M. le comte de Forbin. 1 vol. in-8. 7 fr.

LIGUE DES NOBLES ET DES PRÊTRES contre les Peuples et les Rois, depuis le commencement de l'Ère chrétienne jusqu'à nos jours, ou Tableau des Conspirations, révolutions, Détrônemens, Actes arbitraires, Jugemens iniques, Violations de lois, etc., etc., dont les privilégiés se sont rendus coupables : Ouvrage où l'on trouvera des détails intéressans et des conditions nouvelles sur le pouvoir absolu des Druïdes; la conduite séditieuse des évêques anglais Wilfrid, Dunstan, Langton et Thomas de Cantorbéry; le Massacre de la Sainte-Brice; l'Exil du Cid; la Donation de l'Angleterre au pape; la Querelle des Investitures; l'Union d'Aragon; la Fondation de la liberté helvétique; le Serment de révolte de Castille; Cola Rienzi, restaurateur de la liberté romaine; la Persécution des Lollards et des Réformés; le Soulèvement des Copyholders; la Ligue et la Fronde; la Mort du Czarowitz Alexis; les Révolutions de Danemarck, de France et d'Espagne, etc., etc. Par M. Paul de P.... 2 vol. in-8°. Prix 10 fr.

Cet ouvrage, extrait des Annales de l'Europe, pourrait s'appeler le *Citateur historique*.

CONRADIN et FRÉDÉRIC, tragédie en cinq actes, en vers; par M. Liadières, capitaine du génie. Prix : 2 fr. 50 c.

LES VOITURES VERSÉES, opéra-comique en 2 actes, de MM. Dupaty et Boyeldieu. Prix : 1 fr. 75 c.

LE MARIAGE DU CI-DEVANT JEUNE HOMME, comédie en un acte et en vers, par MM. Rougemont et Maréchale. Prix : 1 fr. 25 c.

M. TRANQUILLE, vaudeville en un acte, de MM. Rougemont, Merle et Brazier. Prix : 1 fr. 25 c.

LE PETIT JEAN DE SAINTRÉ, vaudeville remis en deux actes par Brazier et Dumersan, 3e. édition. 1 fr.

LE CHATEAU DE MON ONCLE, vaudeville en un acte, par Désaugiers, 2e. édit. Prix : 1 fr. 25 c.

LES PETITS BRACONNIERS, vaudeville en un acte, de MM. Brazier et Merle, 3e. édition. 1 fr. 25 c.

LE SOURD, ou l'Auberge pleine, comédie en trois actes, en prose, de Desforges, nouvelle édition, avec les bons mots de Brunet et Baptiste cadet. 1 fr. 50 c.

LA BROUILLE ET LE RACCOMMODEMENT, vaudeville en un acte, de Frédéric, 3e édition. 1 fr.

SOUS PRESSE.

L'OBSERVATEUR, par Pigault-Lebrun. 2 vol. in-12. 5 fr.

L'ARTISTE
AMBITIEUX,
OU
L'ADOPTION,
COMÉDIE.

DE L'IMPRIMERIE DE FIRMIN DIDOT, PÈRE ET FILS,
IMPRIMEURS DU ROI ET DE L'INSTITUT, RUE JACOB, N° 24.

PRIX DE CETTE COMÉDIE........ 2 f. 50 c.

PIÈCES NOUVELLES.

Le Folliculaire, Comédie en 5 actes et en vers, par M. Delaville............ 3 f.

Le Flatteur, Comédie en 5 actes et en vers, par M. E. Gosse, auteur de la Comédie du *Médisant*........................... 2 f. 50 c.

L'Ermite de Saint-Avelle, Vaudeville en un acte, par MM. Théaulon et Capelle. 1 f. 25 c.

Le Vampire, Mélodrame en trois actes, par MM. Charles Nodier et Carmouche. 1 f. 25 c.

L'ARTISTE AMBITIEUX,
OU
L'ADOPTION,

COMÉDIE EN CINQ ACTES ET EN VERS,

Par M. THÉAULON,

Représentée, pour la première fois, à Paris, le 3 juin 1820, sur le Théâtre-Français du faubourg Saint-Germain, par les Comédiens du Roi.

A PARIS,
Chez J. N. BARBA, LIBRAIRE,
ÉDITEUR DES OEUVRES DE PIGAULT-LEBRUN, PALAIS-ROYAL,
DERRIÈRE LE THÉATRE FRANÇAIS, N° 51.

1820.

A Monsieur

Picard, Chevalier de l'Ordre Royal de la Légion-d'Honneur, Membre de l'Académie Française et Directeur du Théâtre-Français du Faubourg Saint-Germain.

Monsieur,

Veuillez me pardonner si je prends la liberté de placer votre nom sur les premiers feuillets de cet Ouvrage. J'aurais dû, je le sais, vous demander cette faveur; mais votre modestie me l'eût refusée peut-être, et j'aurais perdu l'occasion de vous témoigner hautement ma reconnaissance pour l'accueil tout loyal que j'ai reçu de vous, et les utiles conseils que vous m'avez donnés.

Agréez donc, je vous prie, Monsieur, avec l'assurance de ma haute considération, l'expression sincère de mes remerciments.

M. E. Théaulon.

PRÉFACE.

Une aventure dont tout Paris s'est occupé, il y a quelques années, m'a fourni le sujet de cette comédie, qu'il eût été peut-être plus raisonnable d'intituler *l'Ambitieux*, sans y ajouter le mot d'*Artiste*. Qu'importe en effet la condition des personnages qu'un poète comique met en scène? Les passions sont communes à tous les hommes, et l'on ne saurait nier que dans le siècle où nous vivons l'ambition ne soit le travers le plus généralement répandu. Un *artiste* peut donc, comme un autre, et même plus qu'un autre, à cause des rapports que ses talents lui donnent avec les plus hautes classes de la société, être atteint à son tour de cette *fièvre des grandeurs*, qui depuis trente ans consume tant de gens en France; et je ne crois pas mériter le reproche qu'on m'a fait de n'avoir traité qu'un caractère d'exception. Sans doute il m'eût été facile de choisir un autre personnage; mais le but de la comédie étant de rendre les travers ridicules et les vices odieux, il m'a semblé qu'en logeant l'ambition dans la tête d'un simple musicien, je la montrais sous ce point de vue, à-la-fois plaisant et moral, qui caractérise la haute comédie.

J'ai cru devoir répondre à cette observation, parce qu'elle m'a été faite plus particulièrement par un critique qui met dans tous ses jugements autant de mesure et de raison que d'esprit ; et ceci est bien moins pour combattre son opinion que pour lui faire connaître la mienne.

Plusieurs autres objections importantes m'ont été faites encore par des littérateurs dont l'estime m'est très-précieuse. Je pourrais en réfuter une grande partie ; je me contenterai de leur faire observer que c'est ici ma première comédie, et qu'une muse qui n'avait marché jusqu'à ce jour qu'avec les sabots de *Colinette* ou les pantoufles de *Cendrillon*, devait nécessairement se trouver un peu gênée dans les brodequins de Thalie.

J'arrive au motif qui m'a fait songer à faire une préface.

Les personnes qui connaissent mes sentiments politiques m'ont reproché d'avoir dirigé quelques traits assez violents contre l'ancienne noblesse. Je les prie de vouloir bien remarquer que tous ces traits sortent naturellement du sujet. Une ambition subalterne ne peut guère s'appuyer que sur l'éternel système de cette *égalité* dont on parlera toujours, et qu'on ne verra jamais. Si j'ai livré d'ailleurs au ridicule les prétentions exagérées et les gothiques préjugés du comte et de la comtesse d'*Oblincourt,* je crois avoir assez montré dans le caractère du duc d'*Orgueval* tout le respect que j'ai pour la véritable grandeur.

L'ARTISTE
AMBITIEUX,
ou
L'ADOPTION,
COMÉDIE.

Personnages.	Acteurs, MM.
Le Duc.	Lafargue.
RAIMOND, père.	Perroud.
RAIMOND, fils.	Valmore.
HORTENSE.	Mlle. Délia.
Le Comte.	Chazel.
La Comtesse.	Mlle. Gersay.
DELMAR.	David.
ANGÉLINE.	Mlle. Falcoz.
REMI.	Samson.
Un Huissier.	Provost.
LAFLEUR.	Armand.
Un Notaire.	Paul.

La scène est à Paris.

CARACTÈRES ET COSTUMES.

Le Duc. Mélange de noblesse et de bonhomie. Habit de cour de la fin du règne de Louis XV.

RAIMOND, père. Vieillard respectable, unissant à beaucoup de chaleur un peu de malice et de gaieté. Habit de velours noir à boutons dorés; cheveux blancs, etc.

RAIMOND, fils. Ses gestes et sés discours doivent se ressentir de l'exaltation de son esprit. Un ambitieux a toujours la fièvre. Le débit de Raimond doit être prompt, animé, et ses mouvements doivent déceler la plus vive agitation. Un peu de déclamation, et même d'emphase, est nécessaire en plusieurs passages du rôle. Le costume de Raimond est l'habit de cour d'aujourd'hui.

HORTENSE. Femme du monde, légère, étourdie, un peu médisante, mais bien née et s'exprimant avec le ton de la haute société. Ses vêtements doivent annoncer le luxe et la coquetterie. Elle peut être vêtue à peu de chose près comme Célimène dans le Misanthrope.

Le Comte. Exaltation ridicule. Ce rôle doit être un peu chargé, mais n'avoir rien de trivial. Son habit est du règne de Louis XV. Il a une canne à pomme d'or au troisième acte, et toujours un manuscrit à la main ou dans sa poche.

La Comtesse. Elle ne parle qu'avec dignité, mais sans affectation. Elle a une robe de cour et des plumes.

DELMAR. Étourderie, inconséquence, légèreté, gaieté, voilà son caractère. Costume élégant des jeunes gens du jour.

REMI. Vrai caractère de l'artiste; gaieté, noblesse, et sensibilité. Habit noir, complet, très-élégant, chapeau rond, etc.

L'Huissier. Insolence et fatuité. Costume des merveilleux du jour. Il a à son cou une chaîne d'acier qui suspend un riche lorgnon, et il tient à la main une badine.

LAFLEUR. Bavardage et curiosité. Petite livrée.

Le Notaire. Homme qui connaît toute l'importance de son état. Il est en noir.

L'ARTISTE
AMBITIEUX,
OU
L'ADOPTION,
COMÉDIE.

ACTE PREMIER.

Le Théâtre représente un riche salon.

SCÈNE PREMIERE.
LAFLEUR, REMI (1).

REMI, *du fond.*

La chambre de Raimond?

LAFLEUR, *occupé à ranger l'appartement.*

Monsieur, à l'instant même,

---

(1) Les acteurs sont placés au théâtre comme ils le sont en tête de chaque scène, le premier à droite de l'acteur.

Il vient de sortir.

REMI, *riant à part.*

Bon, ce n'est qu'un stratagême.

Je devine pourquoi l'on veut me renvoyer.
(*Il fait signe à Lafleur d'approcher.*)
LAFLEUR, *s'approchant.*

Plaît-il ?

REMI, *riant,*
Je ne suis pas, monsieur, un créancier.
LAFLEUR.

Monsieur !

REMI.

    Je suis artiste, et connais la manière,
Aussi-bien que Raimond, de se tirer d'affaire.
Il me souvient encor de ce bienheureux temps
Où la même mansarde abritait nos talents.
Là, quand d'un créancier croyant me prendre au gîte,
La sonnette importune annonçait la visite,
Zeste ! je me cachais, et Raimond averti
Répondait comme vous : « Monsieur, il est sorti. »
C'était bientôt son tour ; et dès qu'à notre porte
Il voyait des huissiers arriver la cohorte,
Dans une grande armoire il s'enfermait soudain ;
Et moi, je répondais : « Vous reviendrez demain ;
« Il est absent, il court pour trouver votre somme ;
« Et vous ne perdrez rien, car c'est un galant homme. »
L'artiste est souvent pauvre et doit, cela s'entend ;
Mais il a de l'honneur, c'est de l'argent comptant !

LAFLEUR.

L'honneur ! si l'on payait par un moyen semblable,

On verrait à Paris plus d'un riche insolvable.
REMI.
C'est un point convenu : dès que le jour a lui,
Jamais un débiteur ne doit être chez lui;
Et ce principe-là bien clairement me prouve
Que Raimond dans sa chambre en ce moment se trouve.
Veuillez donc l'avertir; dites-lui que Remi,
Professeur pour la flûte, et son meilleur ami,
Arrivé de Russie, après cinq ans d'absence,
L'attend dans ce salon avec impatience.
Allez : s'il dort encore, éveillez ce dormeur;
Vous lui ferez plaisir; j'en juge par mon cœur.
LAFLEUR.
Sur ce point je suis loin d'élever aucun doute,
Et de vous renvoyer croyez bien qu'il m'en coûte;
Mais monsieur est sorti pour un devoir urgent.
REMI.
Je ne l'avais jamais connu si diligent.
Son premier écolier n'aime pas à l'attendre!
LAFLEUR.
Au lever du ministre obligé de se rendre.....
REMI.
Quoi! le ministre chante?
LAFLEUR, *riant*.
Oh! la réflexion.....
REMI.
Et pourquoi riez-vous de cette question?
Si le ministre chante (et certe une excellence
A le droit de chanter comme un autre, je pense),
Il est tout naturel, pour accompagnateur,

Qu'il choisisse Raimond, excellent professeur;
Mais, s'il ne chante pas, je ne devine guère
Ce qu'au lever d'un grand un artiste va faire.

LAFLEUR.

Mon maître désormais.....

RÉMI, *surpris.*

Votre maître! comment?.....

LAFLEUR.

D'où peut naître, monsieur, un tel étonnement?

RÉMI, *regardant l'appartement.*

(*A part.*)   (*Haut.*)
Serait-ce un quiproquo? Ce Raimond, votre maître,
Est-ce l'artiste?

LAFLEUR.

Mais chez qui croyez-vous être?

RÉMI.

Parbleu! cela se voit: chez un homme opulent,
Qui voulut de Raimond accueillir le talent,
Et qui dans son hôtel et vaste et magnifique
Lui donne un logement qu'on lui paie en musique.

LAFLEUR.

Vous êtes dans l'erreur, et monsieur, aujourd'hui,
Dans cet appartement n'est logé que chez lui.

RÉMI.

Comment dans ce palais? quelle magnificence!
(*A lui-même.*)
Entre nous deux, pourtant, voyez la différence;
Mon ami, que mon cœur sait bien apprécier,
A quitté la mansarde; il demeure au premier;
Et, malgré mon talent, mon zèle et mon voyage,

ACTE I, SCÈNE I.

Moi, je n'ai pu descendre encor que d'un étage.
Mais, je dois l'avouer, Raimond a mérité
La gloire qui l'entoure et sa prospérité.

LAFLEUR.

D'après l'étonnement où ce luxe vous jette,
Jamais nulle nouvelle.....

REMI.

Oh! si, par la gazette!
J'y lisais ses succès, il y voyait les miens:
Nous lui devions ainsi les plus doux entretiens;
Et, pendant les cinq ans de ma cruelle absence,
Elle a fait tous les frais de la correspondance.
Je suis hier entré dans Paris à minuit;
L'Opéra finissait. Par le plaisir conduit,
Et croyant embrasser tous mes amis d'emblée,
J'y cours: déja l'orchestre avait pris sa volée.
Par bonheur, un confrère, au fond d'un corridor,
Sa flûte sous le bras se promenait encor.
Mon aspect à-la-fois l'enchante et l'embarrasse;
J'en cherchais la raison..... Une déesse passe:
Au revoir, me dit-il. — L'adresse de Raimond?
Lui criai-je bien vîte. — A l'hôtel d'Orgemont!
C'est tout ce qu'il m'apprit dans sa fuite soudaine.
L'hôtel étant connu, je l'ai trouvé sans peine;
Et presque avec le jour ici portant mes pas,
A tout ce que je vois je ne m'attendais pas.

LAFLEUR.

Ainsi vous ignorez qu'un heureux mariage?.....

REMI.

Raimond est marié?

LAFLEUR.

Vraiment oui!

REMI.

C'est dommage!
Les beaux-arts et l'hymen s'accordent rarement.
Je me marie aussi, mais c'est bien différent :
Je n'ai pas son génie!.... Et sa femme?

LAFLEUR.

Accomplie.

REMI.

Ah! voilà qui du moins excuse sa folie.
La cause de ce luxe, enfin, je la vois bien!
Elle avait une dot.

LAFLEUR.

Non : elle n'avait rien;
Mais joignant à l'esprit la plus noble figure,
Et l'éducation aux dons de la nature,
Riche d'un nom brillant par vingt aïeux porté,
Elle était, comme on dit, fille de qualité.

REMI.

Comment ce mariage a-t-il donc pu se faire?

LAFLEUR.

Rien n'est plus naturel : c'était son écolière!

REMI.

J'entends!

LAFLEUR.

Monsieur, vraiment, n'était pas son égal!
Mais madame a le cœur tant soit peu libéral;
Et, tout en jouissant des droits de sa noblesse,
A la hauteur du siècle elle a mis sa faiblesse.

ACTE I, SCÈNE I.

REMI, *riant*.

J'entends!

LAFLEUR.

A ce lien en secret projeté,
D'abord monsieur le comte opposa sa fierté;
Mais enfin ce bon père au bonheur de sa fille
Sacrifia l'orgueil de sa noble famille;
De son premier refus révoqua la rigueur;
Et madame à l'autel suivit son professeur.
Depuis cet heureux jour le plus léger nuage
N'est point venu troubler la paix de leur ménage.
La fortune et l'amour, secondant leurs desirs,
Ont dans cette maison fixé tous les plaisirs;
Nous avons, chaque jour, en ces lieux réunie,
A cinq heures du soir brillante compagnie;
Et nombreuse sur-tout! car c'est en ce pays,
A l'heure du dîner, qu'on a le plus d'amis.

REMI.

Ce que vous m'apprenez et m'enchante et m'attriste.
Quoi! mon ami Raimond ne serait plus artiste?
Et rougissant d'un art et si noble et si beau....

LAFLEUR.

Il est artiste encor; mais c'est incognito.
S'éloignant chaque jour d'une route commune,
Par de hardis moyens il tente la fortune.
Bien reçu chez les grands qu'il reçoit à son tour,
Sa maison réunit et la ville et la cour.
Des amis qu'il se fait l'obligeante puissance
Du plus bel avenir lui donne l'assurance;

Un emploi très-brillant à madame est promis,
Et nous avons déja retenu nos commis.

REMI.

Fort bien! fuyant la gloire et cette humble opulence
Que donne du travail l'honorable constance,
Raimond, bien sûr d'un grand qui le protégera,
Mange le revenu des places qu'il aura.
Jamais tant de bonheur ne m'atteindra, j'espère,
Et mon obscurité m'est encore plus chère!
J'imagine du moins qu'en des projets pareils
Le père de Raimond par de sages conseils.....

LAFLEUR.

Son père?

REMI.

    Le marchand! pourquoi cette surprise?

LAFLEUR.

Son père! n'est-ce pas, monsieur, quelque méprise?
Depuis qu'ici le sort a daigné m'installer,
C'est la première fois que j'en entends parler.
Au reste, sur ce point, je ne puis rien vous dire;
Mais voici qui pourra beaucoup mieux vous instruire.

SCÈNE II.

LAFLEUR, ANGÉLINE, REMI.

REMI.

En croirai-je mes yeux? La sœur de mon ami!
La charmante Angéline!

ANGÉLINE.

    Ah! c'est monsieur Remi.

ACTE I, SCÈNE II.

Vous me reconnaissez?

REMI.

Craindre qu'on vous oublie!
Quand je quittai Paris, vous étiez si jolie.

ANGÉLINE.

Vous vous en souvenez?

REMI, *riant*.

Mais, pour s'en souvenir,
Il suffit de vous voir; allons, pourquoi rougir?
Ne suis-je pas toujours, malgré ma longue absence,
Celui qui partagea les jeux de votre enfance?
Ne vous souvient-il plus de la tendre amitié
Que vous aviez pour moi?

ANGÉLINE, *vivement*.

Je n'ai rien oublié.....

(*En rougissant.*)
Combien votre retour va réjouir mon frère!

REMI.

Vous croyez? nous verrons; parlons de votre père.

ANGÉLINE.

Chut!

REMI.

Comment?

ANGÉLINE.

Chut, vous dis-je.

REMI.

Eh! mais encore...

ANGÉLINE.

Paix!
Devant monsieur Lafleur on n'en parle jamais.

REMI.

(*A Lafleur.*)

Quel mystère! et pourquoi... Laissez-nous, je vous prie.

LAFLEUR.

Vraiment, monsieur l'artiste est sans cérémonie.

REMI, *voyant que Lafleur reste.*

Veuillez lui commander.....

ANGÉLINE, *ingénuement.*

Ici? vœux superflus!
Je ne commande pas, ni mon frère non plus.

(*Lafleur sort.*)

SCÈNE III.

ANGÉLINE, REMI.

REMI.

Nous voilà seuls, parlez, hâtez-vous, Angéline,
De m'apprendre un secret que déja je devine.
Votre père....

ANGÉLINE.

Lafleur pourrait nous écouter.

REMI.

Non, non, ne craignez rien; pourquoi donc hésiter?
Parlez; si vous saviez à quel point il me tarde....
Que vois-je? vous pleurez?

ANGÉLINE.

Oh! n'y prenez pas garde.
Mon père! quand j'en parle au gré de mon desir,
Je commence toujours par pleurer de plaisir!

ACTE I, SCÈNE III.

REMI, *ému.*

Chère enfant!

ANGÉLINE, *essuyant ses larmes.*

Mais voilà que je ne suis plus triste.

REMI.

C'est le cœur de Raimond, quand il était artiste!

ANGÉLINE.

Depuis long-temps mon père est absent de ces lieux;
Parlons-en, je croirai qu'il est devant mes yeux.
Vous connaissiez son cœur; vous saviez, j'imagine,
A quel point il aimait sa petite Angéline.
Que de fois il m'a dit, avec ce doux accent
Qui pénétrait si bien mon cœur reconnaissant:
« Ma fille, mon bonheur est dans votre tendresse;
« Pour prix de tous mes soins et de votre sagesse,
« Je saurai vous trouver un excellent parti. »
Ce serait déja fait, s'il n'était point parti!

REMI.

Sur cet article-là bientôt, je vous l'atteste,
Il ne tiendra qu'à vous..... Mais je vois tout le reste:
Votre malheureux père, exilé de Paris,
Habite une province.....

ANGÉLINE, *ingénuement.*

Oui, les États-Unis!

REMI.

Qu'entends-je? il se pourrait! il a, malgré son âge....

ANGÉLINE.

On l'a presque forcé de faire ce voyage.

REMI.

Quoi! votre frère?.....

ANGÉLINE, *vivement*.

Oh! non, Raimond a bien pleuré,
Lorsque de ce bon père il s'est vu séparé.
Mais, pour le décider, madame la comtesse
Et madame Raimond lui répétaient sans cesse :
« La paix de l'Amérique ouvre l'heureux chemin ;
« Le commerce à Paris est encore incertain ;
« Partez, voici l'instant de réparer vos pertes ;
« Des richesses sans nombre à vos vœux sont offertes.
« Partez, n'attendez pas que la rigueur des temps
« Vers ces bords fortunés pousse tous nos marchands. »
Quand mon père voulait leur parler de son âge,
Elles lui répondaient : « Ayez plus de courage.
« Le trajet n'offre plus de dangereux hasards,
« Et l'air de l'Amérique est bon pour les vieillards. »

REMI.

Elles disaient cela ?

ANGÉLINE.

Comme je le répète.
Chez mon père par-fois j'écoutais en cachette ;
Et ces dames jamais n'y daignèrent venir
Que pour déterminer ce bon père à partir.

REMI.

Et votre père enfin ?.....

ANGÉLINE.

Hélas ! dans sa tendresse,
Espérant amasser pour nous quelque richesse,
Il partit, je voulus accompagner ses pas ;
Ils y consentaient tous, lui ne le voulut pas.
Il leur dit qu'il craignait la longueur du voyage,

ACTE I, SCENE III.

Et que l'air d'Amérique est funeste à mon âge!
Il partit en laissant mon enfance à leurs soins.
J'étais bien jeune alors; j'avais quatre ans de moins.

REMI, *à part.*

Par sa naïveté mon ame est attendrie.

(*Haut.*)

Que je me trouve heureux!... Achevez, je vous prie.

ANGÉLINE.

Un mois s'était passé, depuis ce jour cruel,
Quand nous vînmes loger dans ce superbe hôtel;
Et la mère d'Hortense, avec un ton sévère,
Me défendit alors de parler de mon père.

REMI.

J'en vois trop la raison! et tout cela ne tend
Qu'à celer que monsieur est le fils d'un marchand.
Sa présence à Paris eût obscurci le lustre
D'un nom resplendissant, d'une famille illustre!
Il fallait l'éloigner! Leur orgueil inouï
A cherché dans son cœur des armes contre lui;
Et, flattant ses desirs de l'heureuse espérance
Qu'il peut à sa famille assurer l'opulence,
Par un exil pénible au bout de l'univers,
Entre eux et son comptoir ils ont placé les mers.
Il est bien malheureux, vraiment, pour leur noblesse,
Qu'il n'ait pas à Paris du moins laissé sa caisse.

ANGÉLINE.

Vous défendez mon père; ah! bon monsieur Remi,
Vous êtes, je le vois, son véritable ami.

REMI.

Vous lisez dans mon cœur, que lui seul vous réponde !
Mais dans cette maison ouverte à tout le monde,
Comment, malgré l'attrait d'un luxe corrupteur,
Avez-vous conservé cette aimable candeur ?

ANGÉLINE, *en confidence.*

J'y suis si rarement ; je viens par intervalle ;
Je suis à Saint-Denis, dans la maison royale.

REMI.

Ah ! voilà pour Raimond et pour ses chers parents
Une preuve du moins d'esprit et de bon sens.
D'un bonheur aussi grand votre cœur est bien digne ;
Mais à qui devez-vous cette faveur insigne ?

ANGÉLINE.

On m'a fait orpheline, et l'on me croit là-bas
Fille d'un chevalier tué dans les combats.

REMI, *avec ironie.*

Diantre ! une telle mort doit charmer votre père,
Et voilà des lauriers qui ne lui coûtent guère.

ANGÉLINE.

Hier ma belle-sœur accourut au parloir ;
Et, sur certain écrit qu'on ne me fit pas voir,
On me laissa sortir de ce sévère asyle.
Par-fois à Saint-Denis je regrette la ville ;
Mais depuis hier soir que je suis à Paris,
J'allais, je crois, sans vous, regretter Saint-Denis.

REMI.

Sans moi ? Qu'il m'est flatteur d'entendre ce langage !
(*En confidence.*)
Ne vous a-t-on jamais parlé de mariage ?

ACTE I, SCÈNE III.

ANGÉLINE.

On m'en parle toujours, mais il ne vient jamais.
Raimond depuis deux ans me dit, J'ai des projets !
J'attends.

REMI.

(*S'arrêtant.*)

Ah ! dès ce soir, mon enfant !... je vous quitte ;
Annoncez à Raimond mon retour, ma visite.
Dites-lui que je viens enfin chercher le prix
Qu'à ma tendre amitié ses serments ont promis.
Il s'en souvient, sans doute, et vous pourrez entendre
Un secret que je n'ose encore vous apprendre.
Sa nouvelle famille et toute sa grandeur
Peut-être de Raimond n'ont pas changé le cœur.
Pour le faire rougir de son extravagance,
Peut-être il suffira de ma seule présence.
Eh bien ! il va me voir : je veux à ses regards
Faire briller encor la palme des beaux-arts.
Par l'attrait tout-puissant de sa gloire première,
Je veux de son orgueil combattre la chimère,
Et le montrer bientôt à ses nobles parents
Jaloux du nom d'artiste et fier de ses talents.
Adieu ! Nous nous verrons avant peu, je l'espère.

ANGÉLINE.

(*Vivement.*) (*Avec modestie.*)
Venez..... Nous parlerons encore de mon père.

(*Remi sort.*)

SCÈNE IV.

ANGÉLINE, HORTENSE, LA COMTESSE.

HORTENSE, *voyant sortir Remi.*
Quel est cet étranger ?
    ANGÉLINE.
      Un artiste, ma sœur,
Dont Raimond est l'ami.
    LA COMTESSE.
      Dites le protecteur.
    ANGÉLINE.
Pardonnez ; je croyais..... (que de choses j'ignore)
Qu'étant amis jadis, ils devaient l'être encore.
    HORTENSE.
L'excellent naturel et l'aimable candeur !
Que tu mérites bien qu'on songe à ton bonheur.
Je m'en suis occupée ; oui, ma chère Angéline,
Connais enfin le sort que mon cœur te destine.
Tu ne rentreras plus dans la triste maison
Dont la froide morale a fait une prison ;
Et libre désormais.....
    ANGÉLINE.
      Qu'entends-je ! pour la vie,
Hier j'aurais quitté cette maison chérie,
Ce paisible séjour où tendent mes desirs ?
Vous n'en connaissez pas, ma sœur, tous les plaisirs ;
Car voulant mon bonheur, votre ame généreuse
M'eût sans peine laissée où je me trouve heureuse.

ACTE I, SCÈNE IV.

LA COMTESSE.

Fort bien ; j'aime à vous voir ce noble sentiment,
Que je crois peu sincère, à parler franchement.
Le monde est plein d'attraits lorsque l'on est jolie,
Et vous êtes dans l'âge où le couvent ennuie.

HORTENSE.

Mais pour finir, ma chère, un chagrin aussi grand,
Si l'on te mariait ?

ANGÉLINE, *naïvement*.

Ce serait différent.

HORTENSE, *riant*.

Vraiment, je m'en doutais : dans toutes les familles
C'est là le seul moyen de consoler les filles.

LA COMTESSE.

Eh bien ! rassurez-vous, et songez à bannir
Ces regrets du couvent qui vous viennent saisir ;
Car, puisque tous vos vœux sont pour le mariage,
Un contrat fortuné dès ce soir vous engage.

ANGÉLINE.

Dès ce soir !

HORTENSE, *avec bonté*.

Ne crains rien, l'époux est de mon choix,
Et sans doute en ces lieux tu l'as vu quelquefois.

ANGÉLINE, *avec curiosité*.

Ma sœur, pour moi son nom ne peut être un mystère.

HORTENSE.

C'est le brave Delmar.

ANGÉLIE, *vivement*.

Mais il ne me plaît guère.

2.

HORTENSE.
Un jour il te plaira.
ANGÉLIQUE.
Ma sœur, je crois que non.
LA COMTESSE.
Il a beaucoup d'esprit.
ANGÉLINE.
Oui, mais point de raison.
LA COMTESSE.
S'il est un peu léger, c'est le droit de son âge.
ANGÉLINE.
La plus riche toujours a son premier hommage.
HORTENSE.
L'amour qu'il a pour toi dément ce que tu dis.
ANGÉLINE.
Il a su que mon père est aux États-Unis.
HORTENSE.
Il porte à ta famille une amitié sincère.
ANGÉLINE.
Il emprunte toujours de l'argent à mon frère.
LA COMTESSE.
Fort bien; continuez: montrez-nous le talent
Que vous avez à faire un portrait ressemblant;
Mais un seul mot ici vous suffira, je pense:
Nos projets ont besoin de votre obéissance.
Delmar près du ministre a de grands protecteurs;
Il nous fait espérer les plus hautes faveurs;
Et de cette union qui peut vous rendre heureuse,
Pour nous la perspective est vaste et glorieuse.
C'est vous dire, je crois, qu'on a compté sur vous.

ANGÉLINE.

Ah! pour plaire à Raimond tout me semblera doux.
(*Elle sort.*)

SCÈNE V.

HORTENSE, LA COMTESSE.

LA COMTESSE.

Il faut hâter ces nœuds, ma fille! ici, peut-être,
Le père de Raimond va bientôt reparaître.
Un bruit s'est répandu que, chargé de trésors,
Depuis le mois dernier il vogue vers ces bords.
On sait que ce vieillard destinait à sa fille
Un jeune homme sans biens, sans titres, sans famille,
Un artiste, en un mot, et l'on doit prévenir
La honte qui sur nous pourrait en rejaillir.
Non pas que sur Delmar, entre nous, je me fonde:
Il a peu de crédit, mais il voit le grand monde,
Par la dot d'Angéline il se laisse éblouir,
Et l'on n'a pas enfin le temps de mieux choisir.
Empêcher d'autres nœuds est le point nécessaire!
Hortense, vous savez combien vous m'êtes chère;
Jugez où peut aller ma tendresse pour vous;
Malgré mon rang! mon sang! Raimond est votre époux.
Raimond!... Mais laissons-là cette mésalliance,
C'est le fruit des malheurs qui pesaient sur la France.
L'amour, l'esprit du siècle, et sa perversité,
Ont attiré sur nous cette calamité.
Il faut se résigner, et, d'une ame moins fière,

Porter de cet hymen la chaîne roturière.
Je vois avec plaisir, depuis cette union,
Le cœur de votre époux atteint d'ambition ;
Ce noble sentiment est une preuve sûre
Qu'il saura quelque jour démentir la nature.
Heureux si ses aïeux, pour lui servir d'appui,
Quatre cents ans plus tôt avaient fait comme lui !
Déja même, déja, l'on voit dans ses manières
De tous les gens de cour les graces familières.
Mais il lui manque un titre, et vous m'avez promis
Que bientôt sur ce point mes vœux seraient remplis.

HORTENSE.

Je tiendrai ma promesse avant peu, je l'espère,
Et mon vaste projet est bien fait pour vous plaire.
De tous nos protecteurs, le plus sûr à mes yeux,
L'appui le plus certain et le plus précieux,
C'est le duc d'Orgueval, ce vieillard respectable,
Grand seigneur philosophe, et moraliste aimable,
Qui cherche la vertu, l'accueille en tous les rangs,
Méprise les grandeurs, et vit avec les grands.

LA COMTESSE.

Ce noble protecteur, vous le savez, ma fille,
Est depuis quarante ans l'ami de ma famille.
Dans nos derniers malheurs, par l'orage battu,
Il n'a, de ses trésors, sauvé que sa vertu.
Non que j'approuve en lui cet excès de faiblesse
Qui lui fait, mainte fois, oubliant sa noblesse,
Montrer des sentiments, hélas! trop propagés,
Et faire à ses dépends la guerre aux préjugés.
Mais tout près d'arriver au bout de sa carrière,

Il peut avec orgueil regarder en arrière.
La constance et l'honneur, par un doux souvenir,
Ont marqué les sentiers qu'il vient de parcourir.
Cependant à la cour on l'ignore, on l'oublie,
L'infortune s'attache au déclin de sa vie ;
Et les grands, par caprice, ou plutôt par ennui,
Servent ceux qu'il protége et ne font rien pour lui.

HORTENSE.

Vous savez qu'il unit, dans sa rare constance,
A de grandes vertus un peu d'insouciance.
Il n'a plus de famille, il la retrouve en nous,
Il se plaît en ces lieux, il chérit mon époux,
Un oncle de Raimond, par un hasard prospère,
Aux fureurs des partis sut jadis le soustraire,
Et sans peine, je crois, par une adoption,
On rendrait votre gendre héritier d'un grand nom ;
Mais jusques à ce jour, à vos desirs contraire,
Raimond à mon projet oppose son vieux père ;
Et je ne puis blâmer au cœur de mon époux
Les mêmes sentiments que je ressens pour vous.
Après tout, ce n'est pas que mon ame flattée
De l'amour d'un grand nom se sente tourmentée ;
Celui de mon mari suffit à mon bonheur ;
Je puis en être fière, il n'est pas sans splendeur :
En tous lieux on le cite, on le vante sans cesse,
Et les beaux-arts en France ont aussi leur noblesse.
Mais puisque de Raimond le téméraire espoir
L'emporte vers les grands, le suivre est mon devoir ;
Et j'ai cru, d'un beau nom que la chance opportune
Le ferait arriver plus vîte à la fortune.

La fortune est le but où tendent mes desirs!
Non pas que j'aime l'or, mais j'aime les plaisirs.
J'aime, je l'avouerai, cette magnificence,
Et ce concours d'amis qui suivent l'opulence.
Jugez de mes regrets, s'il fallait, quelque jour,
Renoncer à l'éclat qui règne en ce séjour.
Cependant vous savez que sans cesse obsédée
D'avides créanciers.... mais chassons cette idée.
Je vais, pour mieux cacher tous mes chagrins secrets,
D'une fête brillante ordonner les apprêts,
Et du brave Delmar, par le plus doux présage,
Au milieu des plaisirs faire le mariage.
Oui, je prétends ce soir éblouir tous les yeux;
Pour fixer le bonheur, il faut paraître heureux!

FIN DU PREMIER ACTE.

ACTE II.

SCÈNE PREMIÈRE.

DELMAR, LE DUC.

LE DUC.

Pardonnez, cher Delmar, un excès de franchise;
A vous parler ainsi mon âge m'autorise;
Le temps, vous le savez, ne laisse à mes pareils
Que le triste plaisir de donner des conseils.

DELMAR.

Cher duc, de vos avis ma jeunesse s'honore;
Je les trouve excellents, répétez-les encore;
Avec tout le respect qu'on doit en pareil cas,
Je les écouterai, mais ne les suivrai pas.

LE DUC, *riant.*

Sans moi, vous épousiez la baronne Herminie.

DELMAR.

Parbleu! de cet exploit vantez-vous, je vous prie.
S'il existe un bonheur pour messieurs les époux,
Son mari n'est-il pas le plus heureux de tous?

LE DUC.

Quoi! depuis son hymen, elle vivrait de sorte
A faire pardonner ses erreurs?

DELMAR.

Elle est morte,
Laissant, pour faire croire à de grandes vertus,
Un solide argument de trois cent mille écus.
Sans vos sages conseils, dont j'enrage dans l'ame,
C'est moi qui pleurerais cette excellente dame;
Tandis que son époux étale un sot orgueil,
Et promène sa joie en voiture de deuil.

LE DUC.

Non, non, je ne crains pas que votre cœur s'abaisse
A regretter, Delmar, une telle richesse;
L'or que produit le vice est fait pour avilir;
La main du malheur seul a droit de l'ennoblir.
L'héritage brillant de la vieille baronne
Est le dernier scandale, enfin, qu'elle nous donne;
Et son triste héritier, par d'affreux souvenirs,
Rougira bien souvent au milieu des plaisirs.

DELMAR.

Quand on a de l'argent que la morale est belle!
Je voudrais bien, cher duc, pouvoir la trouver telle;
Mais mon sixième lustre, enfin, est commencé,
Et cependant mon sort n'est pas très-avancé.
Né de parents obscurs, c'est en servant la France,
Qu'à l'âge de seize ans j'illustrai ma naissance.
Mes affaires déja n'allaient vraiment pas mal :
Encor dix ans de guerre et j'étais général!

La paix a dérangé mes projets de fortune ;
Cette calamité (car la paix en est une)
A mis bien des héros dans la nécessité
De regarder l'hymen comme une indemnité ;
Et mainte veuve antique a vu sur son douaire
Affecter notre solde et les impôts de guerre ;
C'est un rude moyen, il est bien affligeant ;
Mais dans ce siècle-ci que faire sans argent !
LE DUC.
Vous avez des amis et vous pourriez sans peine......
DELMAR.
Oui, de mes protecteurs la puissance est certaine ;
Mais la cour à-présent, chaque jour, je le vois,
Donne de grands honneurs et de petits emplois.
Un ministre qui m'aime, aux confins de la France,
Daigne me proposer un poste d'importance ;
A quoi bon me charger d'un semblable souci ?
L'honneur n'est point là-bas, les plaisirs sont ici !
Leur foule séduisante à tel point m'importune,
Que je n'ai plus le temps de faire ma fortune ;
Et voilà, mon cher duc, précisément pourquoi
Je la prends toute faite où le ciel l'offre à moi.
A la sœur de Raimond le plus doux hyménée
Ce soir, à ce qu'on dit, unit ma destinée.
Le frère m'a juré que je serais heureux ;
La comtesse prétend que je suis amoureux ;
C'est possible ! Angéline est une sœur unique ;
Son père, qui l'adore, exploite l'Amérique :
On ne revient de là que riche à millions,
Et moi, j'ai du penchant pour les successions.

LE DUC.

D'après un tel amour, je crains bien qu'Angéline
Ne soit pas très-heureuse avec vous.

DELMAR.

       J'imagine
Que vous savez, cher duc, mieux lire dans mon cœur :
En mainte occasion, j'ai fait preuve d'honneur
Et ma femme obtiendra de ma délicatesse,
Les soins que promettrait la plus vive tendresse ;
Mais cette aimable enfant vous inspire, entre nous,
Un intérêt bien vif !

LE DUC, *riant.*

     En seriez-vous jaloux?
Vous ne l'ignorez pas, cette maison m'est chère ;
Aux palais de nos grands ma fierté la préfère.
Le comte fut l'ami de ma prospérité ;
Il me reste ! et pourtant le bonheur m'a quitté.
Cette rare constance à mes yeux dissimule
Tout ce que sa manie offre de ridicule.
De codes et de lois sans cesse environné,
A réformer la France il se croit destiné ;
Écrivant nuit et jour, sans garder de mesures,
Il met ses grands projets en petites brochures,
Règle les intérêts de ses concitoyens,
En commençant toujours par s'occuper des siens ;
Et sa plume féconde en plus d'une matière,
Pour enrichir l'état, ruine son libraire.
De son gendre on pourrait blâmer l'ambition :
Son ame est toute entière à cette passion ;

Mais si c'est une erreur, il faut que l'on convienne
Que c'est l'erreur du siècle, encor plus que la sienne.
Je vois de toutes parts, éblouis, égarés,
De la soif des grandeurs tous les cœurs dévorés.
Il n'est de dignité, de faveur et de place
Où n'osent aspirer la sottise et l'audace.
L'espoir d'un ministère occupe le rentier;
Le plus petit commis veut être chevalier!
L'ambition, enfin, est une maladie
Qui, dans sa marche, hélas! affligeante et hardie,
Gagne de jour en jour chaque condition,
Et Raimond est atteint de la contagion.
Trop heureux si son cœur avait pu s'en défendre!

DELMAR.

Aux grandeurs, plus qu'un autre, il a droit de prétendre.
Son père, en s'exilant, lui laissa de grands biens,
Et cela dit assez qu'il a de grands moyens;
Mais voici sa famille. Ah! ciel! mon sang se glace;
De quelque nouveau plan le comte nous menace.

SCÈNE II.

DELMAR, ANGÉLINE, le Comte, HORTENSE,
LAFLEUR, le Duc, la Comtesse.

HORTENSE.

Eh! quoi, monsieur le duc, vous étiez en ces lieux?
(A Lafleur.)
Et l'on n'est pas venu m'avertir.,... C'est affreux!
(Au duc.)
Pardonnez!

LE DUC.
Vous savez qu'entre nous...
HORTENSE, *à Lafleur.*
                    Je m'étonne
Qu'on remplisse si mal les ordres que je donne.
(*Au duc.*)
Vous attendiez....
LE DUC.
        Mais non.
HORTENSE.
                Si monseigneur attend
Une seconde encor! je vous chasse à l'instant.
                (*Lafleur sort.*)
Pour vous, mon cher Delmar, vous m'excusez, j'espère.
LA COMTESSE.
Delmar doit en ces lieux se croire chez son frère.
DELMAR.
Chez mon frère, madame, en ces lieux, sur ma foi,
Je me suis regardé toujours comme chez moi;
Et, d'honneur, il n'est pas de maison plus charmante.
Aussi de vos amis la foule encore augmente,
Et cette liberté, cet aimable abandon,
Ce désordre piquant, aujourd'hui le bon ton,
Cette grace du monde à l'esprit réunie....
HORTENSE.
Ah! Delmar!
DELMAR.
        Ces vertus...,
LA COMTESSE.
            Ah! Delmar!

ACTE II, SCÈNE II.

DELMAR.

          Ce génie!...

LE COMTE.

Ah! Delmar!

DELMAR.

      La sagesse, élevant quelquefois
Dans vos cercles joyeux sa respectable voix,
(*Le duc fait un léger salut de tête, en riant.*)
Les attraits enchanteurs, la naïve innocence...

ANGÉLINE, *avec une révérence.*

Ah! monsieur!

DELMAR.

        Tout cela, joint à votre dépense,
Fait de cette maison un séjour enchanté,
Où je suis par l'amour à jamais arrêté!

HORTENSE.

Mais Raimond aujourd'hui se fait long-tems attendre.

LE COMTE, *avec emphase.*

Le ministre ne peut se passer de mon gendre,
Depuis qu'à ses regards il a développé
L'inconcevable plan dont je suis occupé.
Je vais de mon pays changer les destinées!

LA COMTESSE.

Vous nous dites cela depuis quarante années.

LE COMTE.

J'en conviens franchement; mais, parlez sans détour,
Sont-ce là des projets qu'on enfante en un jour?
Vous ne l'ignorez pas : la sottise et l'envie
De tribulations ont abreuvé ma vie.

Ce siècle d'égoïsme et de méchanceté
Est pour le vrai mérite un temps d'adversité.
(*Frappant sur son front.*)
Le ciel avait mis là, dans sa bonté profonde,
Tous les plans qu'il fallait pour le bonheur du monde:
Pas un n'a réussi!.... grace aux traits importuns
De nos mauvais plaisants, en France si communs;
Mais un ministre sage enfin daigne m'entendre,
Et je puis espérer de me faire comprendre.

DELMAR.

C'est un ministre habile, un homme pénétrant!

HORTENSE.

Mais quel est donc ce bruit?

LAFLEUR, *entrant*.

Monsieur rentre à l'instant.

SCÈNE III.

LES MÊMES, RAIMOND, *très-agité* (1).

RAIMOND, *à la cantonade*.

Je remonte en voiture, et je repars bien vîte.

HORTENSE.

Où voulez-vous aller?

LE DUC.

Quel trouble vous agite?

RAIMOND.

(*Au duc.*)   (*Aux autres.*)
Mon noble protecteur! et vous, mes chers amis,
C'est mon heureux destin qui vous a réunis.

---

(1) Raymond se trouve entre le comte et Hortense.

ACTE II, SCÈNE III.

(*Au duc.*)
Vous prenez à mon sort l'intérêt le plus tendre!
(*A Delmar.*) (*Au comte.*)
Vous épousez ma sœur! Vous aimez votre gendre!
Voici, voici l'instant qui va combler mes vœux,
Ou me rendre peut-être à jamais malheureux.

ANGÉLINE.

Mon frère!...

DELMAR.

Eh! quoi?

LE DUC.

Voyons.

LA COMTESSE.

Comment?

LE COMTE.

Parlez.

HORTENSE.

De grace.

RAIMOND.

Il vaque au ministère une importante place.
Gerval, qui l'occupait, est mort de cette nuit;
Moi seul ai le bonheur d'en être encore instruit:
Du moins tout me l'annonce et me le persuade;
Mais les moments sont chers, on le savait malade!
Et je vois chaque jour, depuis le mois dernier,
Tous les ambitieux inscrits chez son portier.
Il est vrai que sa place est un bel héritage:
Le ministère entier ne vaut pas davantage.
Quel bonheur, et sur-tout quelle gloire pour moi,
Si j'obtenais, amis, cet honorable emploi!

L'Artiste ambitieux.

Par ce coup éclatant, cette heureuse journée
Déciderait enfin de notre destinée.
A ce poste important une fois arrivé,
Le plus vaste avenir me semble réservé;
Et je ne vois pas trop qui peut mieux y prétendre!
Du comte d'Oblincourt ne suis-je pas le gendre?
Mes talents sont connus, le ministre en fait cas;
Ce matin même encore il m'en parlait tout bas:
J'ai su depuis long-temps gagner sa confiance;
J'entre dans son hôtel sans lettre d'audience!
On peut en ma faveur le faire décider;
Mais il faut sans retard l'entourer, l'obséder:
Aujourd'hui, près des grands, ce n'est pas le mérite
Qui doit faire espérer lorsque l'on sollicite.
La première vertu, c'est la célérité;
Le premier des talents, c'est l'importunité;
Et j'ai compté sur vous en cette circonstance;
De tous vos protecteurs unissez la puissance.

(*Au duc.*)

Digne ami, hier au soir ici vous m'avez dit
Que sur le duc d'Alfort vous aviez du crédit;
Souvent chez le ministre il dîne avec sa fille;
Il faudrait ce matin avoir son apostille.

(*A Delmar.*)

Pour vous, mon cher Delmar, vous devez à l'instant
Apprendre à vos amis le sort qui vous attend :
Car, vous n'en doutez pas, cette immense fortune,
Si je puis l'obtenir, nous deviendra commune;
Ce sera pour mon cœur le plaisir le plus doux!

ACTE II, SCÈNE III.

(*Lui prenant la main.*)
Vous savez l'amitié que j'eus toujours pour vous.
(*A sa femme.*)
Toi, mon aimable Hortense, il te faut, au plus vîte,
A ce bon Dalainville aller rendre visite.
Sa femme a des amis très-estimés du roi,
Et fera, j'en suis sûr, quelque chose pour moi.
Un temps viendra peut-être où tu pourras toi-même
Obliger son époux... On sait combien je l'aime !
(*Réfléchissant.*)
Voyons qui doit encore ici nous secourir...
(*A la comtesse.*)
A vos nobles parents je n'ose recourir ;
L'égoïsme est pour eux une loi d'habitude,
Et je suis peu l'objet de leur sollicitude.
Pourtant voyez-les tous ; par un sort opportun,
Le nombre en est si grand, qu'il peut s'en trouver un...
Quand je dis tous ! vraiment j'en excepte Dalême,
Car il demanderait la place pour lui-même.
(*Au comte.*)
Vous, cher comte, d'un nom que vous faites chérir,
Voici, je crois, voici l'instant de vous servir.
Vos titres à la main, courez au ministère,
Où vous êtes connu par votre caractère,
Sur-tout par vos talents si mal appréciés.
Il fallait tôt ou tard que vous y parussiez !
Aux principaux commis vantez votre famille ;
Dites-leur que je suis l'époux de votre fille.
J'étais naguère artiste, et je m'en fais honneur ;
On n'opposera point ce titre à mon bonheur.

3.

Dans un siècle brillant de sa propre lumière,
Le mérite jamais n'a connu de barrière.
Un cœur noble et brûlant, vers la gloire élancé,
Peut sortir de la sphère où le sort l'a placé;
Et sous un prince, enfin, qui des lois s'environne,
La route des beaux-arts conduit aux pieds du trône.

LE DUC.

Je ne condamne point cet élan généreux;
Maint exemple éclatant frappe encore mes yeux.
Mais, dût la vérité, mon ami, vous déplaire,
Attendez de mon cœur la franchise d'un père.
A mon âge on sait peu farder ses sentiments,
Et je vais vous parler sans nuls déguisements.

RAIMOND, *distrait.*

Parlez : à vos conseils mon ame s'abandonne;
(*Tirant sa montre à part.*)
Je serai toujours prêt.... Juste ciel! midi sonne;
(*Au duc, avec agitation.*)
Et le moindre retard.... Avec docilité
J'attends de vos avis la prudente clarté.
Parlez!

LE DUC.

Mon cher Raimond, ce siècle de lumière
Ouvre à tous des grandeurs la brillante carrière;
Mais il faut, en entrant, s'y montrer revêtu
De l'imposant éclat d'une grande vertu.
Dans ces nobles sentiers, pour la foule incrédule,
Ce qui n'est pas sublime est souvent ridicule;
Et celui qui s'élève, à la malignité
Doit payer le tribut de sa prospérité.

Je connais vos talents; et votre ame éprouvée
En tout temps me parut généreuse, élevée:
Mais, Raimond, ces vertus qui font l'homme d'état,
Et qui doivent jeter un si brillant éclat;
Cet amour du travail, ce zèle infatigable;
Cette sévérité constante, mais affable;
Ce langage à-la-fois profond, sincère et doux...
Toutes ces qualités, enfin, les avez-vous?

RAIMOND, *très-vite*.

Oui, j'ose m'en flatter; et cet honneur insigne
Ne me tenterait pas si j'en étais indigne.
(*Avec une fausse modestie.*)
Sans crainte et sans regret sollicitez pour moi;
Je me sens ce qu'il faut pour remplir cet emploi.

LA COMTESSE.

Au sort le plus heureux il peut tous nous conduire.

LE COMTE.

Avec mes plans, d'ailleurs, je suis là pour l'instruire.

ANGÉLINE, *au duc*.

Que je vous aimerai! si par vous il l'obtient....

DELMAR.

Il convient à l'emploi, si l'emploi lui convient.

LE DUC.

Oui, mais......

(*Raimond fait un mouvement d'impatience très-marqué en tirant sa montre.*)

HORTENSE, *avec affection au duc*.

Ah! monseigneur, vos avis sont sublimes,
Et mon cœur est touché de vos sages maximes;

Ce zèle paternel qui vous parle pour nous,
Est l'honneur le plus grand, le bonheur le plus doux.
Raimond en sent le prix aussi-bien que moi-même,
Et son émotion, monseigneur, est extrême;
Mais si ma faible voix peut lui servir d'appui,
Permettez qu'en ce jour je vous parle pour lui.
Il a des qualités que lui-même il ignore;
A de plus hauts emplois il peut prétendre encore;
Et je crains qu'en sa course il ne soit arrêté,
Non faute de vertus, mais de témérité.

DELMAR.

Moi, je le vis toujours loyal, ferme et sincère.

ANGÉLINE, *au duc naïvement.*

Il a, monsieur le duc, un très-bon caractère.

LA COMTESSE.

Il aime le travail, il est vif, diligent.

LE COMTE.

Je puis certifier qu'il est intelligent;
Il voit de tous mes plans l'utilité suprême,
Et les conçoit souvent beaucoup mieux que moi-même.

RAIMOND.

Mais je suppose enfin que le destin jaloux
M'ait refusé les dons que vous m'accordez tous,
Serais-je, de nos jours, le premier homme en place
Qu'on verrait remplacer le talent par l'audace?

LE DUC.

Non certes!

HORTENSE.

Chaque jour nous voyons dans Paris
S'élever aux emplois les plus pauvres esprits.

ACTE II, SCÈNE III.

Je ne suis pas méchante et je hais la satire ;
Mais, sans blesser personne, et sans vouloir médire,
Que font le grand Germeuil et le petit Dermis
Dans les postes brillants où le ciel les a mis ?
L'un en tous lieux cité par sa lourde indolence,
L'autre par sa sottise et par son insolence,
Et tous deux recueillant avec impunité
D'immenses revenus de leur stupidité ?

LE DUC.

J'en conviens.

HORTENSE.

A mon bal vous avez vu Germonde !
Si son luxe effréné révolta tant de monde,
C'est que son triste époux succombe sous le poids
De son insuffisance et de ses quatre emplois.

LE DUC.

D'accord ; mais.....

RAIMOND, *qui a tiré sa montre pour la troisième fois.*
(*Vivement.*)

Puisque enfin votre scrupule cesse,
Digne ami, hâtons-nous, l'heure fuit, le temps presse,
Et chaque instant oppose avec rapidité
Des obstacles nouveaux à ma félicité.

LE DUC.

Eh bien ! mon cher Raimond, il faut vous satisfaire ;
J'ai cru que je devais vous parler comme un père :
Dans vos hardis projets vous êtes affermi,
Et je cours maintenant vous servir en ami.

RAIMOND.

De votre affection quelle preuve plus tendre !

DELMAR.

Chez tous mes protecteurs, Raimond, je vais me rendre;
Et j'espère bientôt par leur brillant appui,
   (*Regardant Angéline.*)
Mériter le bonheur qui m'attend aujourd'hui.

LE COMTE, *avec élan.*

Partons; j'ai là mon plan; le voilà, je l'emporte:
De l'hôtel du ministre il m'ouvrira la porte.
Je puis être arrêté par un suisse insolent;
Mais je lui montrerai ce fruit de mon talent:
Oserait-il alors me faire résistance?
Place, faquin, voici le salut de la France!

DELMAR, *gaiement.*

Si le suisse est Français, vous êtes sûr d'entrer!

RAIMOND, *les conduisant vers la porte.*

Par-tout le vrai mérite a droit de pénétrer.

LA COMTESSE, *bas à Raimond.*

Avant que de sortir, j'ai deux mots à vous dire
Sur cette adoption....

RAIMOND.

         Je ne puis y souscrire:
Mon père sur mon cœur a gardé tous ses droits!

LA COMTESSE.

Mais....

RAIMOND.

    Nous en parlerons, madame, une autre fois.
(*Retournant vers les autres.*)
Digne ami, pardonnez. Adieu, ma chère Hortense.

(*Montrant Angéline.*)
Pour toi, brave Delmar, voilà ta récompense.
Adieu, mes bons amis.
(*Ils sortent.*)
(*Revenant en scène.*)
Que les vieillards sont lents!

SCÈNE IV.

ANGÉLINE, RAIMOND, LAFLEUR, *une serviette à la main et comme prêt à servir.*

LAFLEUR.

Monsieur ne veut-il pas?.....

RAIMOND.

Non, je n'ai pas le temps.
(*Lafleur sort.*)
(*A lui-même.*)
J'ai trente amis à voir et vingt lettres à faire.

ANGÉLINE.

N'irai-je pas aussi quelque part, mon cher frère?

RAIMOND, *à part.*

Y penses-tu? qui! toi! mais vraiment pourquoi pas?
La beauté rarement près des grands perd ses pas.
Un placet présenté par une main jolie
Fait mieux valoir les droits de celui qui supplie;
Le ministre a l'esprit d'un chevalier français,
Les dames près de lui toujours eurent accès;
Et ce regard charmant, où l'innocence brille,
Serait pour mon mémoire une bonne apostille.
Si je pouvais.... Non, non; le monde est trop méchant.
Tous les cœurs à médire ont un secret penchant;

Et je dois, respectant son heureuse innocence,
La sauver des soupçons et de la médisance.

ANGÉLINE, *ingénuement.*

Si je pouvais aussi te faire protéger !
J'aurais tant de plaisir, Raimond, à t'obliger !

RAIMOND.

Il est un sûr moyen de me servir, ma chère ;
C'est d'accorder ta main à l'ami de ton frère.
Delmar m'a bien promis de faire ton bonheur :
Il tiendra son serment, je l'ai lu dans son cœur.
Un ami si loyal doit être époux fidèle !
Tu viens de voir, pour moi, jusques où va son zèle.
Il est chéri des grands ; et tu peux quelque jour
Auprès de ton mari, figurer à la cour.
Quel honneur !

ANGÉLINE.

Tiens, Raimond, il ne me tente guère ;
Et j'aimerais mieux être au comptoir de mon père.

RAIMOND, *ému.*

Mon père ! adieu.

ANGÉLINE, *l'arrêtant.*

Demeure.

RAIMOND, *embarrassé.*

A l'instant même, il faut..

ANGÉLINE, *le retenant.*

Ce père si chéri reviendra-t-il bientôt ?

RAIMOND.

Je l'espère !

ANGÉLINE, *le ramenant.*

Est-il vrai ? mais, pour mon mariage,

ACTE II, SCÈNE IV.

De l'attendre, Raimond, je crois qu'il serait sage:
On doit à ses vieux jours cette douce faveur,
Et son nom au contrat me porterait bonheur.
Tu sais comme il nous aime; il te souvient, je pense,
De tes premiers succès et de leur récompense.
Qu'il était fier de toi, lorsque dans un concert
Ton nom seul de bravos était soudain couvert!
J'étais auprès de lui, je voyais son ivresse;
Bien souvent il pleurait d'orgueil et de tendresse,
et répétait tout bas aux spectateurs surpris:
« Ce jeune homme ira loin, quel talent! c'est mon fils. »

RAIMOND.

Adieu!

ANGÉLINE.

D'après cela, mon frère, il faut l'attendre;
Plus d'une fois, d'ailleurs, il nous a fait entendre
Que j'aurais un mari qui me conviendrait bien;
Et s'il m'en choisit un, que ferai-je du tien?

RAIMOND.

Ton père approuvera ce brillant hyménée;
Autrefois, je le sais, il t'avait destinée
A l'un de nos amis, artiste comme moi;
Et cet époux, alors, était digne de toi:
Remi....

ANGÉLINE, *avec joie.*

Remi! qu'entends-je?

RAIMOND.

Oui, c'est lui que ton père
Avait jadis choisi pour cet hymen prospère.
Unis par l'amitié, nous jurâmes tous deux

De nous unir encor par ces aimables nœuds ;
Quand il quitta Paris, ami fidèle et tendre,
Durant cinq ans entiers, je promis de l'attendre ;
Ce terme est expiré d'hier ou d'aujourd'hui,
Et je n'ai pas reçu de nouvelles de lui.
Son art a fait, dit-on, sa fortune et sa gloire ;
Il me croit malheureux, il n'a plus de mémoire.
Voilà l'esprit du siècle et les amis du jour !
L'ingrat ! ah ! je devais compter sur son retour.
Sans cet oubli cruel, dont mon cœur se désole,
Il m'eût été si doux de tenir ma parole !

SCÈNE V.

ANGÉLINE, RAIMOND, REMI, *s'arrêtant du fond du théâtre.*

ANGÉLINE, *voyant Remi.*

Ah ! le ciel te devait, Raimond, ce plaisir là ;
Cet ami desiré, tu l'attends ?

REMI, *avançant avec émotion.*

     Me voilà !

RAIMOND, *à part.*

Ciel !

REMI.

Raimond !

RAIMOND.

Mon ami !

   (*Ils s'embrassent.*)

REMI.

Quel beau jour !

ACTE II, SCÈNE VI.

RAIMOND, *à part*.

Comment faire?

REMI.

Je te l'avais promis, je viens être ton frère.

RAIMOND, *à part*.

Quel embarras cruel!

ANGÉLINE.

Que ce moment est doux!
(*Bas à son frère.*)
Ah! que je suis heureuse, à présent....

RAIMOND, *sévèrement*.

Laissez-nous.
(*Angéline sort toute déconcertée.*)

SCÈNE VI.

RAIMOND, REMI.

REMI.

Pourquoi la renvoyer?

RAIMOND, *embarrassé*.

Embrassons-nous encore.

REMI.

J'allais le demander.
(*Ils s'embrassent.*)

RAIMOND, *à part*.

Ah! sur-tout qu'il ignore.....

REMI.

Cet accueil amical a passé mon espoir.

RAIMOND.

Oui, je suis enchanté, mon cher, de te revoir;
Mais il faut que je sorte, il faut que je te quitte;
A des amis puissants je vais rendre visite :
Cet important devoir ne peut se retarder;
Et ce jour de mon sort enfin va décider.
Tout me fait espérer la place la plus belle!

REMI.

Est-ce au conservatoire, ou bien à la chapelle?

RAIMOND.

Non, non; au ministère.

REMI, *riant*.

Ah!

RAIMOND.

Les temps sont changés,
Et les beaux-arts par moi sont un peu négligés.

REMI.

Oui, j'ai vu nos amis; et leurs discours étranges
Ne sont pas, entre nous, fondés sur tes louanges.
A les croire, ton cœur, à l'amitié fermé,
Est par l'ambition sourdement consumé;
Et dans ce fol espoir qui vers les grands t'emporte,
Tu ne devais m'ouvrir ni tes bras, ni ta porte :
Je n'étais revenu vraiment qu'avec effroi;
Mais ils se sont trompés, j'en suis charmé pour toi.
Je leur dirai l'accueil que tu viens de me faire....
Et cependant, Raimond, qu'est devenu ton père?

RAIMOND.

Il voyage.

REMI, *riant.*
Un peu loin?
RAIMOND.
Dans les États-Unis;
L'amour de la fortune, à soixante ans l'a pris.
Et malgré moi.... Pour lui tu connais ma tendresse...
Juge de ma douleur!
REMI, *entraîné.*
Eh bien! plus de tristesse!
Le ciel! mon cher Raimond, le rend à ton amour;
Et je puis aujourd'hui t'annoncer son retour.
RAIMOND, *avec un peu d'effroi.*
Comment?
REMI, *fâché d'en avoir trop dit.*
Sous le secret, on vient de me l'apprendre.
(*Avec embarras.*)
Ce bon père, dit-on, veut ici te surprendre;
Et si je le trahis, c'est que je crois ton cœur
Digne de partager d'avance son bonheur....
On assure qu'à Brest il a revu la France,
Et de plus qu'il t'apporte une fortune immense.
RAIMOND, *riant.*
Oui, c'est toujours ainsi que l'on fait revenir
Ceux que conduit là-bas l'espoir de s'enrichir;
Et chacun à son gré me ramène mon père
Avec tous les trésors du nouvel hémisphère;
Mais on me flatte en vain d'un espoir aussi doux:
Je ne le sens que trop, il est perdu pour nous.
REMI.
Je t'assure pourtant....

RAIMOND, *l'interrompant.*
Épargne-moi le reste;
Le plus léger retard me deviendrait funeste.
REMI.
Encore un mot...
RAIMOND.
Adieu ; reviens demain me voir.
REMI.
Demain, dis-tu ? Parbleu! je reviendrai ce soir.
Tu n'as point oublié le serment qui t'engage :
Angéline m'enchante! A quand le mariage?
RAIMOND.
Je ne puis m'arrêter plus long-temps en ces lieux.
REMI.
Tu peux d'un mot...
RAIMOND.
Paris est plein d'ambitieux;
Et les solliciteurs dont cette ville abonde,
Sentent un homme mort, d'une lieue à la ronde.
(*A part.*)
Peut-être de Gerval...
REMI.
Que diable dis-tu là,
Avec ton homme mort ?
RAIMOND.
Tu sauras tout cela.
REMI.
Quelle agitation!

ACTE II, SCÈNE VII.

RAIMOND, *à part, regardant encore sa montre.*

Oui, déja je parie...

(*Haut.*)

Adieu!

REMI.

Mais...

RAIMOND.

Laisse-moi.

REMI.

De ta sœur...

RAIMOND.

Je t'en prie!

REMI, *l'arrêtant.*

A quand le mariage?

RAIMOND, *s'échappant.*

Il y va de mon sort.

SCÈNE VII.

REMI, *seul.*

La fièvre de l'orgueil lui donne le transport.
Et moi, qui tout joyeux, et ne pouvant me taire,
Allais déja trahir le secret de son père!
Oui, malheureux, ton père a revu ces climats;
Et malgré tes erreurs, s'il n'est point dans tes bras,
C'est qu'il veut, connaissant ta brillante détresse,
Sur le bord de l'abyme éclairer ta jeunesse.

(*Montrant une lettre.*)

Ce message de lui va porter en ces lieux
L'effrayante clarté qui doit luire à tes yeux.

L'Artiste ambitieux.

Je voulais t'épargner, ingrat, ce coup terrible;
Il faut, par amitié, que je sois insensible!
Allons! que cet écrit lui soit ici remis
Devant tous ses parents et ses nobles amis.
Ce coup inattendu me le rendra peut-être;
Et, plein de cet espoir, je suis tenté de mettre
Dans mon premier concert que j'affiche aujourd'hui,
Un duo de Devienne entre ma flûte et lui.

FIN DU SECOND ACTE.

ACTE III.

SCÈNE PREMIÈRE.

La Comtesse, le Comte.

LA COMTESSE.

J'ai vu tous mes parents.
(*Elle s'assied.*)

LE COMTE.
Je sors du ministère.
(*Il s'assied.*)

LA COMTESSE.

J'étouffe de dépit!

LE COMTE.
J'étouffe de colère!

LA COMTESSE.

Soutenir une erreur à l'unanimité!

LE COMTE.

Me dire que mon plan est une absurdité!

LA COMTESSE, *se levant*.

C'est affreux!

LE COMTE, *de même*.

Révoltant!

LA COMTESSE.

     Croyez que je partage
Le chagrin que vous fait un si cruel outrage.

LE COMTE.

Croyez que dans mon cœur, madame, en ce moment,
Vous avez fait passer votre ressentiment.

LA COMTESSE.

Jugez si j'ai raison.

LE COMTE.

    J'en suis certain d'avance;
Mais voyez si j'ai tort.

LA COMTESSE.

     C'est une impertinence!
Daignez...

LE COMTE.

   Ce sont des sots, si jamais il en fut;
Sans mon plan, pour la France il n'est point de salut.

LA COMTESSE.

Je le crois, mais...

LE COMTE, *montrant son cahier.*

    Tenez : je vous en fais l'arbitre.
L'esprit de mon ouvrage est mis dans chaque titre :
 (*L'ouvrant et lisant les titres des chapitres.*)
« De la nécessité de supprimer l'octroi. »
 (*Tournant la page.*)
« De la nécessité de s'occuper de moi. »
Ce chapitre est fort long; j'accumule les preuves.
Les pièces à l'appui certes ne sont pas neuves;
Mes aïeux ont rendu maint service important :
Tous mes certificats datent de quinze cent.

(*Même jeu.*)
« De la nécessité d'augmenter les finances »,
(*Même jeu.*)
« De la nécessité de payer mes créances. »
Un bon gouvernement ne doit pas l'oublier,
Le bonheur général vient du particulier.

LA COMTESSE.

Je pense comme vous ; mais vous allez, j'espère...

LE COMTE.

(*Même jeu.*)
« De la nécessité d'une réforme entière. »

LA COMTESSE.

C'est aussi mon avis ; mais veuillez, s'il vous plaît...

LE COMTE.

(*Même jeu.*)
« De la nécessité de me nommer préfet. »
Pour prix de mes travaux, c'est bien le moins, je pense,
Que je puisse compter sur cette récompense.
Un homme de ma sorte, incontestablement,
Doit être le premier de son département;
J'étais, vous le savez, seigneur de mon village!

LA COMTESSE, *impatientée.*

Finirez-vous enfin, monsieur, ce radotage?

LE COMTE.

Radotage! fort bien, madame, unissez-vous
Aux commis insolents qui causent mon courroux.
Radotage! Un tel mot est sans doute sincère ;
Car vous êtes l'écho de tout le ministère.
Je ne m'attendais point à ce trait peu loyal.

LA COMTESSE, *radoucie.*

Votre plan est fort beau; mais vous l'expliquez mal,
Et si vous me faisiez l'amitié de m'entendre...

LE COMTE.

Que vous a-t-on là-bas promis pour notre gendre?

LA COMTESSE.

Je crains bien que Raimond n'obtienne jamais rien.

LE COMTE.

On n'oubliera jamais qu'il fut musicien.

LA COMTESSE.

Vous l'avez oublié pour lui donner ma fille.

LE COMTE.

Il ne fût point, sans vous, entré dans ma famille.

LA COMTESSE.

Votre sotte faiblesse a formé ce lien.

LE COMTE.

C'est vous seule, madame, et je n'y suis pour rien.

LA COMTESSE.

Eh quoi! vous prétendez?...

LE COMTE.

Quoi! dans votre démence...

SCÈNE II.

La Comtesse, HORTENSE, le Comte.

HORTENSE.

Partagez mes transports; notre bonheur commence:
Les desirs de Raimond désormais sont remplis,
Tous mes vœux exaucés, vos souhaits accomplis;

ACTE III, SCÈNE II.

La fortune, envers nous cessant d'être sévère,
Offre encore à nos yeux sa brillante chimère;
Et cet éclat du rang que vous avez perdu,
Par votre gendre, enfin, va vous être rendu.

LA COMTESSE.

Qu'entends-je?

HORTENSE.

Dalainville, à mon mari propice...

LE COMTE, *avec éclat.*

Aux talents de Raimond on rend enfin justice!
Eh bien! madame, eh bien! je vous l'avais prédit;
Mais vous ne croyez rien de ce que l'on vous dit.

LA COMTESSE, *avec ironie.*

C'est grace à moi, monsieur, qu'il est dans la famille.

LE COMTE, *de même.*

C'est moi qui malgré vous lui donnai votre fille.

LA COMTESSE.

Non, non, dans tout ceci vous ne fûtes pour rien.

LE COMTE.

Si! ma sotte faiblesse a formé ce lien.

LA COMTESSE.

Cet hymen, selon vous, déshonorait Hortense.

LE COMTE.

Vous l'appeliez, madame, une mésalliance;
Et jamais...

HORTENSE, *riant.*

Eh! calmez, de grace, un tel courroux;
Le point essentiel, c'est qu'il est mon époux,

Et que par l'avenir que le ciel lui destine,
Il doit faire oublier son obscure origine.

LA COMTESSE.

Quoi! Dalainville, enfin...

HORTENSE.

     Sa femme m'a promis
D'employer au besoin ses plus tendres amis;
Et l'intrigue est pour elle une route si sûre,
Que douter du succès serait lui faire injure.
Elle obtiendra la place; et cet évènement
Est déja décidé, sans doute, en ce moment.
Raimond chez le ministre était en sentinelle;
Nous en aurons bientôt la flatteuse nouvelle.
Notre nouveau destin fera bien des jaloux,
Et je ne connais point de passe-temps plus doux.

LE COMTE.

De cet heureux retour combien je te rends grace,
Fortune! je vais donc reprendre enfin ma place.
Quelle gloire m'attend; et comme désormais
Les moins intelligents concevront mes projets!

LA COMTESSE.

Quelqu'un vient.

HORTENSE.

   C'est Raimond!

LE COMTE.

      Je vois sur son visage,
Du sort qui nous attend le fortuné présage.

SCÈNE III.

Les mêmes; RAIMOND (1).

RAIMOND.
Non; on ne vit jamais pareille indignité!
LA COMTESSE.
Bien loin d'être content, il paraît irrité.
HORTENSE.
De quoi vous plaignez-vous?
RAIMOND.
Du trait le plus infâme!
A qui donc se fier! Dalainville! sa femme.....
HORTENSE.
Qu'entends-je! elle n'a point obtenu cet emploi?
RAIMOND.
Elle a su l'obtenir, mais ce n'est pas pour moi!
HORTENSE.
Se peut-il?
LE COMTE, *stupéfait*.
Le vieux duc, avec son éloquence,
N'a donc pas fait valoir les droits de ma naissance?
Mes plans pour l'avenir, mes services passés?...
RAIMOND.
Les amis d'aujourd'hui ne sont jamais pressés;
Et le duc arrivait bien vîte au ministère,
Comme l'on installait le nouveau titulaire.

---

(1) Il se trouve entre la comtesse et Hortense.

HORTENSE.
Peut-on savoir le nom du commis sémillant
A qui madame accorde un emploi si brillant?
C'est, à n'en pas douter, quelqu'un de sa famille,
Ou bien un prétendant à la main de sa fille;
Car tous ces gens d'intrigue ont un heureux secret
Les dots de leurs enfants figurent au budjet!

RAIMOND.
Je ne sais si l'emploi doit lui valoir un gendre,
Ou quel autre intérêt cette dame y peut prendre:
Mais je sais que jamais on n'a sacrifié
Aussi cruellement l'honneur et l'amitié.
Son brillant équipage entrait au ministère,
Madame m'aperçoit, se penche à la portière,
Et d'un signe de tête, avec affection,
Semble me confirmer ma nomination.
Bercé du doux espoir dont son regard m'enflamme,
A des rêves charmants j'abandonne mon ame:
Non pour moi! vous savez que, simple dans mes vœux,
Mes desirs ne sont pas ceux d'un ambitieux:
Les grandeurs, je le sens, ne sont que des chimères
Qui font payer bien cher leurs plaisirs éphémères:
De leurs charmes trompeurs je ne suis point épris,
A leur possession je n'attache aucun prix;
Et ce n'est que pour vous, pour toi, ma chère Hortense,
Pour toi, dont les vertus, et sur-tout la naissance....
Jugez combien ce coup a dû m'humilier!
J'attendais la baronne au bas de l'escalier;
Elle paraît enfin, je m'élance vers elle;
Tout le feu du plaisir dans ses yeux étincelle;

ACTE III, SCÈNE III.

Je crois à mon bonheur. « Vous n'êtes point nommé,
Me dit-elle gaîment et d'un air tout charmé;
« Le ministre connaît vos talents en musique,
« Et d'aimer les beaux-arts vous savez qu'il se pique;
« Mais pour l'emploi vacant par vous tant desiré,
« C'est le comte d'Orfeuil qu'il vous a préféré.
« Dans ce poste éminent un titre est nécessaire;
« Il faut représenter, et je n'ai pu rien faire;
« Je l'aurais obtenu sans beaucoup supplier,
« Si vous eussiez été seulement chevalier. »
A ces mots qu'accompagne un perfide sourire,
Chez le comte d'Orfeuil elle se fait conduire;
Et changeant sa voiture en un char triomphal,
Elle-même à l'hôtel ramène mon rival.

LA COMTESSE.

Oui, le trait est affreux, mais sa réponse est prête;
Vous n'êtes point titré.

HORTENSE.

C'est ce qui vous arrête.

LE COMTE.

Et ce qui doit, mon cher, toujours vous arrêter
Dans les sentiers brillants que vous voulez tenter.

RAIMOND, *vivement*.

Eh bien! je me décide; et voici, mon Hortense,
L'instant qui va combler ta plus chère espérance;
Tu ne rougiras plus du nom de ton époux;
Oui, ce jour va me rendre enfin digne de vous.
Pour avoir des emplois un titre est nécessaire;
Je l'aurai.

LE COMTE.

Que dit-il ?

LA COMTESSE.

Parlez.

HORTENSE.

Que faut-il faire ?

RAIMOND.

Le duc, m'avez-vous dit, peut me donner son nom.

LA COMTESSE, *avec joie.*

Qu'entends-je ?

RAIMOND.

Je consens à cette adoption.

HORTENSE.

Est-il vrai ?

LE COMTE.

Ce projet me paraît admirable.

LA COMTESSE.

Enfin, mon gendre, enfin, vous voilà raisonnable.

RAIMOND.

Oui, la raison m'éclaire et je vois mon erreur !
J'aspire maintenant à cet insigne honneur.
Il faut vous l'avouer, en ces temps de lumières, (1)
J'ai cru que les faveurs n'avaient point de barrières,
Et que par les talents un nom rendu fameux
Pouvait nous dispenser de titres et d'aïeux.

---

(1) Au théâtre on dit :
J'avais tort de penser qu'en ces temps de lumières
Le chemin des faveurs n'avait point de barrières,
Et que par les talents un nom rendu fameux
Pouvait nous dispenser de titres et d'aïeux.
Eh bien ! que du vieux duc, etc. etc.

ACTE III, SCÈNE III.

La sainteté des lois m'en donnait l'assurance,
Et j'osais concevoir la plus douce espérance.
Insensé ! vainement mon cœur s'était flatté
De jouir des bienfaits de notre égalité.
Aux graces, aux emplois nous pouvons tous prétendre;
Oui, mais la loi ne dit que ce qu'on veut entendre;
On reçoit nos placets, nos réclamations ;
Mais les moindres préfets sont comtes ou barons.
Eh bien! que du vieux duc le titre héréditaire
M'ouvre aussi des emplois la brillante carrière.
L'instant est favorable : un poste très-marquant
Près d'un autre ministre est encore vacant.
Un simple chevalier en était titulaire;
Quand je serai marquis, je l'obtiendrai, j'espère !

LE COMTE.

Mais notre vieil ami voudra-t-il consentir ?

HORTENSE, *riant*.

Il y consentira, j'ose le garantir.

RAIMOND.

Quelquefois, mon Hortense, il t'appelle sa fille;
Il n'a plus de fortune, il n'a plus de famille:
Le duc à notre espoir ne peut rien opposer.

HORTENSE.

Les gens faibles, d'ailleurs, n'ont rien à refuser.
Et notre digne ami (soit dit sans lui déplaire)
N'a pas, vous le savez, un très-fort caractère.
Je m'en charge. Ou le sort doit nous être fatal,
Ou vous serez ce soir le marquis d'Orgueval;
Et comme, dès demain, quoique je sois très-bonne,
Je vais humilier la petite baronne !

RAIMOND.

A l'abri de ce nom, vieilli dans les honneurs,
Je puis prétendre un jour aux plus hautes faveurs.
Un jour....

LAFLEUR, *annonçant.*

Monsieur le duc!

RAIMOND.

Le voici, mon Hortense;
Hâte-toi d'employer ton aimable éloquence,
Et de cacher enfin sous un nom emprunté
Les talents de l'artiste et sa célébrité.
Placé près de ces lieux, je pourrai vous entendre;
Et, quel que soit mon sort, je brûle de l'apprendre.
(*Il va se cacher dans le cabinet à gauche.*)

HORTENSE.

(*A ses parents.*)   (*A Lafleur.*)
Il vient, éloignez-vous. Approchez un fauteuil.
(*A part.*)
Sortez. Pour le séduire, amusons son orgueil.

SCÈNE IV.

RAIMOND, *dans le cabinet;* LE Duc, HORTENSE.

RAIMOND, *à part.*

D'ici j'entendrai tout.

LE DUC.

Vous êtes seule, Hortense?
Je croyais que Raimond....

HORTENSE.

A ma reconnaissance

ACTE III, SCÈNE IV.

Vous venez d'acquérir encor de nouveaux droits;
Et vous avez pour nous bien couru, je le vois.

RAIMOND, *à part.*

Digne ami !

LE DUC.

Vous savez la fâcheuse nouvelle?

HORTENSE, *empressée.*

Reposez-vous bien vîte.

LE DUC, *s'asseyant.*

Ils ont trompé mon zèle.

HORTENSE, *avec grace.*

L'état de protecteur est vraiment bien changé.

LE DUC, *riant.*

Autant vaut aujourd'hui celui de protégé.

HORTENSE.

A servir vos amis vous passez votre vie.

LE DUC.

Elle est sur son déclin; la vieillesse ennemie
M'avertit que bientôt...

HORTENSE, *vivement et avec grace* (1).

Mais, jusques à présent,
La vieillesse pour vous n'a rien de bien pesant.
Vos nobles qualités, cette galanterie,
Qui rappelle les temps de la chevàlerie;
Ces vertus d'autrefois, dont le ciel, pour appui,
Offre en vous le modèle aux hommes d'aujourd'hui,
Vous donnent parmi nous, et je m'en glorifie,
De ces tendres amis, premier bien de la vie;

---

(1) *Le duc est assis; Hortense reste debout auprès de lui. Raimond reste à la porte du cabinet pendant toute la scène.*

De ces amis constants, dont jamais le malheur
Ne change le visage et ne lasse le cœur.
De votre affection cette maison s'honore ;
A peine en sortez-vous, qu'on vous desire encore !
Mon époux, que le sort récompense si mal,
A pour votre personne un respect filial ;
Et, s'il faut vous parler des sentiments d'Hortense....

LE DUC.

Ah ! de votre amitié je connais la constance,
Et je ne conçois pas comment j'ai mérité
Ces soins affectueux, cette tendre bonté.....

HORTENSE.

Ces égards, monseigneur, doivent-ils vous surprendre ?
Votre rang n'a-t-il pas le droit de les attendre ?
Et votre illustre nom, en tous lieux révéré,
Pourra-t-il jamais être ici trop honoré ?
Non, non, auprès de nous vous trouverez sans cesse
Les soins et les égards qui charment la vieillesse ;
Le respect pour le rang qui vous est si bien dû,
Et cette affection qu'inspire la vertu.
Pour moi, votre bonheur fait ma sollicitude :
Embellir vos vieux jours, voilà ma seule étude !
Et je ne sais vraiment si d'une vaine erreur
Mes sentiments pour vous n'abusent point mon cœur ;
Mais il faut que je cède au desir de vous dire
Tout ce que l'amitié me commande et m'inspire.

LE DUC.

Parlez.

HORTENSE.

Quand on reçut de ses nobles aïeux
Un nom qu'avec honneur on a porté comme eux,
Sans doute il est bien doux, il est bien méritoire
D'en léguer en mourant la splendeur à l'histoire,
Et de se dire enfin, Mon nom toujours cité
Ira, de livre en livre, à la postérité.
Mais il est bien plus doux et bien plus honorable
De pouvoir le laisser, pour le rendre durable,
A des enfants chéris qui, fiers d'un nom si beau,
Lui donnent, par devoir, un éclat tout nouveau,
Jaloux de le transmettre un jour à la mémoire,
Dans toute sa splendeur et dans toute sa gloire!.....
Je sais que de nos jours des noms réputés grands,
Pour n'être pas éteints, n'en sont pas plus brillants,
Et qu'on voit plus d'un fils, par droit héréditaire,
Noblement écrasé sous le nom de son père;
Mais d'un malheur pareil on sait se garantir,

(*Avec finesse.*)

Quand on n'a point d'enfants et qu'on peut en choisir.

LE DUC.

Vous voulez?...

HORTENSE, *avec affection.*

Sur vos traits, certes, la santé brille!
Tout le feu du printemps dans vos regards pétille;
Et le ciel, exauçant la ferveur de nos vœux,
Vous promet de longs jours, que nous rendrons heureux.
Mais, hélas! tout finit, et quand le sort sévère
Viendra borner enfin votre illustre carrière,

Vous verra-t-on laisser, en mourant tout entier,
Un si bel héritage, et pas un héritier?

LE DUC, *gaiement.*

Mon nom, ma chère Hortense, est un triste héritage!
Il sera pour l'histoire un bien faible apanage;
Et mes nobles aïeux, depuis quatre cents ans,
N'ont été, comme moi, que d'obscurs courtisans.
Jamais un d'Orgueval, amoureux d'un vain lustre,
A la guerre, au conseil ne se rendit illustre;
Et pour porter ce nom dans toute sa splendeur,
La gloire est inutile, il suffit de l'honneur.

HORTENSE.

Vous estimez Raimond?

LE DUC.

Raimond a du mérite.

HORTENSE, *vivement.*

Nommez-le votre fils.

LE DUC.

L'adopter!

RAIMOND, *à part.*

Il hésite!

HORTENSE, *avec affection.*

Cette noble faveur, par les plus tendres nœuds,
Désormais, monseigneur, nous unirait tous deux;
Et mon cœur... Mais, pardon; de cet honneur insigne
Peut-être mon époux ne vous paraît point digne,
Et ne saurait prétendre à des titres...

LE DUC, *riant.*

Pourquoi?
Raimond ferait un duc tout aussi-bien que moi.

ACTE III, SCÈNE IV.

HORTENSE, *avec grace et abandon.*

Eh bien ?

LE DUC.

J'y penserai. (*Il veut se lever.*)

RAIMOND, *à part.*

Ciel !

HORTENSE, *retenant le duc avec beaucoup de douceur et d'une voix caressante.*

Ah ! je vous en prie !
N'éloignez pas l'instant le plus doux de ma vie ;
L'instant qui me verrait tenir de mon époux
Le titre glorieux qu'il recevrait de vous.
Pour l'hymen de Delmar nous aurons le notaire ;
L'un et l'autre contrat ce soir pourraient se faire.

LE DUC.

Ce soir !

HORTENSE.

Tous nos amis, réunis en ces lieux,
Serviraient de témoins à ce trait généreux...

(*D'une voix plus persuasive.*)

Ce soir... puisqu'il est vrai qu'Hortense vous est chère,
Raimond doit recevoir votre nom.

LE DUC.

Et son père ?

RAIMOND, *à part, avec douleur.*

Mon père !

HORTENSE, *à part, avec dépit.*

Ah !

LE DUC.

Ce projet pourrait-il s'accomplir,

Quand ce père est absent et ne peut consentir?

RAIMOND, *à part.*

Qu'entends-je!

HORTENSE.

Doutez-vous que son ame ravie
Ne trouve en cet honneur un sort digne d'envie?
Et qui sait si jamais revenu dans nos bras!...

LE DUC.

Ah! que je vous plaindrais, s'il ne revenait pas.

HORTENSE.

Quoi, monsieur....

LE DUC.

Sur ce point, je dois, ma chère Hortense,
Puisque nous voilà seuls, dire ce que je pense.

HORTENSE.

Ah! daignez m'épargner....

LE DUC.

De ma sincérité
Peut-être votre époux serait-il irrité;
Mais Raimond a besoin d'un conseil salutaire
Chargez-vous d'adoucir ce qu'il a de sévère!

HORTENSE.

Vous croyez que Raimond?....

LE DUC.

Il est homme de bien;
Le monde, sur ce point, ne lui reproche rien;
Et pour remplir l'espoir d'une noble famille,
Pour combler vos desirs, pour vous nommer ma fille,

ACTE III, SCENE IV.

Sur-tout pour acquitter tout ce que je lui dois....
De Raimond sur mon cœur vous connaissez les droits :
Dans ces temps malheureux où les partis, en France,
Du nom de liberté décoraient la licence,
Du glaive des bourreaux, par un hardi secours,
L'oncle de votre époux sut préserver mes jours;
Le sort qui m'attendait en fut la récompense !
Raimond dut hériter de ma reconnaissance;
Et je pourrais souscrire à cette adoption,
Honteux de ne pouvoir lui léguer que mon nom;
Mais, tout à cet orgueil qui dévore sa vie,
Il a forcé son père à quitter sa patrie;
Et j'entends aujourd'hui s'attacher à ses pas
Le cri déshonorant qui suit les fils ingrats.

RAIMOND.

Se peut-il?

LE DUC.

« Ce Raimond, qui par vous sollicite,
M'a dit le duc d'Alfort, surpris de ma visite,
« Serait-ce par hasard, ce jeune ambitieux
« Dont le père exilé gémit loin de ces lieux?
« Sa naissance à ses vœux ne serait pas contraire;
« Mais je ne place point qui rougit de son père! »

HORTENSE, *interdite*.

La calomnie aurait....

LE DUC, *avec force*.

Que Raimond, dès ce jour,
Ecrive à son vieux père et presse son retour.
Montrez votre famille à ce vieillard unie,
Et vous verrez soudain tomber la calomnie.

Des rivages lointains où, seul et sans secours,
Ce père infortuné traîne, dit-on, ses jours,
Qu'il vienne! à vos desirs que sa bonté consente,
J'adopte votre époux et remplis votre attente.
Mais puis-je, à son insu, lui ravissant son fils,
M'exposer à sa haine, ou même à son mépris;
Et lorsque ce vieillard, que nul danger n'arrête,
Pour revoir ses enfants bravera la tempête,
Le verra-t-on, errant de maison en maison,
Chercher en vain son fils perdu sous un grand nom?
Lui! qui, fier de ce fils, dans sa vertu sévère,
Présumait que Raimond était fier de son père.
Quel besoin avait-il de ce titre nouveau?
Soixante ans de vertus rendent un nom si beau!

RAIMOND, *dans un trouble inexprimable.*

Malheureux!.... c'en est fait, je n'ai plus d'espérance!

HORTENSE, *à part.*

Je ne m'attendais pas à cette résistance.

LE DUC.

Pardonnez, chère Hortense, à ma sincérité
Ce sévère discours que l'honneur a dicté.
Si Raimond m'entendait, j'aurais su me contraindre.

HORTENSE.

Il faut en convenir, Raimond est bien à plaindre:
Il n'a pas un ami qui daignant l'obliger...

LE DUC, *touché.*

Hortense, quelque jour....

SCÈNE V.

Les mêmes, LAFLEUR, *apportant une lettre.*

LAFLEUR.

      Madame, un étranger
Qui reviendra ce soir, pour se faire connaître,
Là-bas, chez le concierge, a laissé cette lettre.

HORTENSE.

Donnez.

LAFLEUR.

De l'Amérique elle arrive, dit-on.

           (*Il sort.*)

SCÈNE VI.

HORTENSE, le Duc, RAIMOND, la Comtesse.

HORTENSE, *regardant vivement l'adresse.*
Elle est du vieux Raimond.

RAIMOND, *s'élançant sur la scène.*

      De mon père! ah! Pardon,
Pardon, monsieur le duc, mais l'espoir, mais la joie...
(*Baisant la lettre et la prenant avec transport.*)
En cet affreux moment, c'est le ciel qui l'envoie.

LE DUC.

Fâché.)   (*Avec bonhomie.*)
Il écoutait!.... tant mieux; s'il a tout entendu,
Le sermon que j'ai fait ne sera point perdu.

RAIMOND, *après avoir lu, tombant dans un fauteuil.*
Que vois-je? juste ciel!
   LE DUC, *allant vers lui.*
     Quelle douleur extrême
Et quel coup imprévu?...
   HORTENSE, *à Raimond.*
    Parlez.
 RAIMOND, *accablé, lui tendant la lettre.*
       Lisez vous-même.
    LE DUC.
A vos chagrins, Raimond, que mon cœur prend de part!
   RAIMOND, *à lui-même.*
Dans ce revers cruel, quel fortuné hasard!
   HORTENSE, *après avoir lu.*
Je conçois, mon ami, jusqu'où va votre peine.
   RAIMOND, *à lui-même.*
Mon malheur est affreux, mais ma gloire est certaine.
 (*A Hortense.*)
Lisez; monsieur le duc est notre unique appui;
Nous ne devons avoir aucun secret pour lui.
 (*A lui-même.*)
L'excès de ma douleur m'a rendu l'espérance!
   LE DUC, *à Hortense.*
Lisez; cédez, de grace, à mon impatience.
   HORTENSE, *lisant.*
« Mon fils, l'un de mes associés de Philadelphie se
« rend en France, et je profite de son départ pour
« vous annoncer un évènement dont vous serez, sans
« doute, étrangement surpris; je viens de contracter
« un second mariage, et je me fixe aux États-Unis. »

ACTE III, SCÈNE VI.

LE DUC.

Quoi! votre père!....

RAIMOND, *avec une douleur vraie.*

Hélas! ne doit plus revenir.

LE DUC.

Ah! que ne l'avez-vous empêché de partir.
(*Il fait signe à Hortense de poursuivre.*)

HORTENSE, *lisant.*

« Je me suis fait dans ce pays de nouvelles habi-
« tudes, et j'y jouis d'ailleurs de cette considération
« que donne une grande fortune : la mienne est im-
« mense; malheureusement la nouvelle famille, dont
« je viens de m'entourer, m'impose des obligations sa-
« crées, et je ne puis rien faire en ce moment pour
« vos nobles parents et pour vous; mais je suis tran-
« quille sur votre sort, mon fils; le charme de votre
« talent doit vous avoir donné une existence hono-
« rable, et vous pouvez vous passer de moi. Puissiez-
« vous goûter dans votre maison le calme et le bon-
« heur que j'ai enfin trouvés sur ce rivage, où je me
« décide à finir mes jours. »

LE DUC.

Quoi! loin de ses enfants!.....

HORTENSE.

Je reste confondue!

RAIMOND, *avec véhémence.*

J'étais loin de m'attendre à ce coup qui me tue!
Déja, depuis long-temps, par ses nombreux amis,
Le retour de mon père ici m'était promis;

Je refusais d'y croire, et pourtant ma tendresse
Attendait en secret l'effet de leur promesse.
J'aspirais au moment où mon père, à ses pieds,
Aurait vu par mes pleurs tous mes torts expiés;
Mes vœux l'allaient chercher sur les mers courroucées,
Je hâtais son retour de toutes mes pensées,
Et déja, n'écoutant que le plus doux transport,
Mon cœur impatient l'amenait dans le port.
Quelle était mon erreur! quelle était ma folie!
Tout entier à l'espoir qui consolait ma vie,
Quand je croyais revoir ce père révéré,
Je le perds sans retour!

LE DUC, *attendri.*

Je le remplacerai.

RAIMOND, *dissimulant à peine sa joie.*

Quoi! monsieur !

LE DUC.

Oui, Raimond, et mon cœur vous l'atteste!
Je gémis comme vous d'un coup aussi funeste;
Et, malgré moi pourtant, tout bas je m'applaudis
D'acquérir l'heureux droit de vous nommer mon fils.

HORTENSE.

Vous daignez....

LE DUC.

Nul osbstacle à-présent ne s'oppose
Au lien enchanteur qu'Hortense me propose.
Pour contracter ce nœud qui va l'unir à moi,
L'âge de votre époux suffit devant la loi.
Raimond loin de ces bords veut finir sa carrière;
Il renonce à son fils! J'en puis être le père.

Je vais tout préparer pour vous montrer, ce soir,
Comment de l'amitié je remplis le devoir.
Adieu : de vos regrets la cause est légitime,
Et contraindre vos pleurs me semblerait un crime.
(*Il sort.*)

SCÈNE VII.

La Comtesse, RAIMOND, HORTENSE, le Comte.

RAIMOND.

Ne plus revoir mon père !

HORTENSE.

      Ah ! je sens, comme vous,
Tout ce qu'aux cœurs bien nés font sentir de tels coups.
Mais, pour calmer, du moins, cette douleur amère,
Songez qu'il est heureux ; et que le sort prospère
Vous préparent peut-être un destin sans égal.

LA COMTESSE, *entrant avec le comte.*

Eh bien ?

HORTENSE.

   Saluons tous le marquis d'Orgueval !

LA COMTESSE.

Mon gendre, permettez que je vous félicite !

LE COMTE.

Eh ! voilà tôt ou tard où conduit le mérite !

RAIMOND, *avec élan, oubliant sa douleur.*

Grace au ciel ! aux emplois on peut se présenter ;
Notre nom n'aura plus d'affronts à redouter ;
Et combien il m'est doux de pouvoir, mon Hortense,
Te placer dans un rang digne de ta naissance !

HORTENSE.

Une fois revêtu de ce titre important,
Dans le champ des grandeurs quel éclat vous attend !

LA COMTESSE.

Tous les honneurs viendront vous chercher, je parie.

LE COMTE, *avec éclat.*

Je le vois, quelque jour, admis à la pairie.

RAIMOND.

Pourquoi pas ! Je suivrai mon destin jusqu'au bout,
Et le duc d'Orgueval peut aspirer à tout.

SCÈNE VIII.

Les mêmes; ANGÉLINE, *accourant.*

ANGÉLINE.

Mon frère !..

HORTENSE.

Qu'est-ce donc ?

RAIMOND.

Angéline...

ANGÉLINE, *pouvant à peine parler.*

Mon frère !

RAIMOND.

D'où viennent tes sanglots ? réponds !

ANGÉLINE, *avec un cri.*

Voilà mon père !

RAIMOND.

Mon père !

SCÈNE IX.

La Comtesse, RAIMOND fils, RAIMOND père, ANGÉLINE, HORTENSE, le Comte.

RAIMOND *père, les pressant sur son cœur avec une profonde émotion.*

Mes enfants! venez là! Qu'il m'est doux!
Restez; depuis quatre ans je suis privé de vous.

HORTENSE.

De ce touchant tableau je suis toute attendrie.

ANGÉLINE.

Mon père!

RAIMOND.

Ah! ce beau jour...

RAIMOND *père, les rapprochant encore de lui.*

Restez, je vous en prie;
Laissez-moi de bien près jouir de vos regards :
Le feu de la nature est si bon aux vieillards!
Je me sens ranimé.

RAIMOND, *à part.*

Sa présence m'est chère;
Mais que dira le duc?

RAIMOND *père, à Hortense.*

En ce moment prospère,
Veuillez me pardonner, madame, si mon cœur...
Ah! depuis si long-temps j'attendais ce bonheur.
Ma tendresse pour vous...

HORTENSE.

    J'en suis reconnaissante,
Et votre heureux retour me ravit et m'enchante.

RAIMOND *père.*

Mon retour, mes amis, changera votre sort;
Et la fortune enfin va nous mettre d'accord.

LE COMTE.

Raimond, je suis ravi...

LA COMTESSE.

    Croyez, monsieur...

RAIMOND *père.*

        Madame,
Vos généreux conseils sont gravés dans mon ame.
C'est à vous que je dois mon destin opulent;

 (*En riant.*)

Et l'air de l'Amérique est un air excellent !
Oui, tout m'a secondé sur ces rives lointaines,
Et l'or de ces climats a bien payé mes peines.

 (*Tendrement à son fils.*)

On eût dit que le ciel se faisait une loi
D'accomplir tous les vœux que je formais pour toi.
Mes plus hardis calculs se trouvaient toujours sages,
Les mers pour mes vaisseaux n'avaient point de naufrages,
Et dans tous les comptoirs, jugez de mon bonheur,
Toujours ma confiance a rencontré l'honneur.

 (*Gaiement.*)

On assure, mon fils, qu'une folle dépense
A pu te consoler seule de mon absence;

ACTE III, SCÈNE VIII.

Et ce brillant hôtel est un garant certain
Que ton cœur en avait encor bien du chagrin.
Ces consolations, qui t'étaient nécessaires,
Ont même, à ce qu'on dit, dérangé tes affaires;
Et j'arrive à propos pour réparer, je croi,
Le mal que tu t'es fait par amitié pour moi.
(Montrant la lettre que Raimond tient encore.)
Je voulais.... cet écrit en est encor la preuve,
Vous effrayer, amis, par une grande épreuve,
Et, dans votre malheur feignant un abandon,
Par l'excès du danger vous rendre à la raison.
Mais à peine ma lettre était-elle partie,
Que toute ma rigueur soudain s'est démentie;
Et je n'ai pu, mon fils, retarder plus long-temps
L'ineffable plaisir d'embrasser mes enfants.
Raimond, mon cher Raimond, ma petite Angéline!
Mes amis, c'est à vous, à vous que je destine
Ces trésors que le ciel accorde à mes desirs.
Vivons tous réunis au sein des vrais plaisirs;
Soyons heureux enfin! sans orgueil, sans envie;
Menez-moi doucement jusqu'au bout de la vie.
Je serai fier encor, quand elle finira,
Car je laisse à mon fils un nom qu'il chérira!

ANGÉLINE.

Mon père!

RAIMOND *père.*

Mes enfants, après un long voyage
Le repos est utile, et sur-tout à mon âge.
J'en agis librement, Raimond, je suis chez toi.

RAIMOND,
Ah ! mon père, en ces lieux...
ANGÉLINE.
Appuyez-vous sur moi !
RAIMOND *père.*
Chère Angéline, allons.....
(*Il sort.*)
HORTENSE, *à Raimond.*
Eh bien ! qu'allez-vous faire ?
RAIMOND.
Je cours chez le vieux duc ; restez près de mon père.
(*Ils sortent.*)
LE COMTE.
Eh bien ! qu'en dites-vous ?
LA COMTESSE.
Quel contre-temps fatal !
LE COMTE
Nous voilà déja loin du duché d'Orgueval.

FIN DU TROISIÈME ACTE.

ACTE IV.

SCÈNE PREMIÈRE.

RAIMOND, REMI.

REMI.

Un petit concerto ?

RAIMOND.

Laisse-moi.

REMI.

Je t'en prie,
Des variations ?

RAIMOND.

Non.

REMI.

Une fantaisie ?

RAIMOND, *impatienté*.

Ah !

REMI.

Mon premier concert ne saurait s'en passer,
Et le point important, c'est de bien commencer.

L'Artiste ambitieux.

L'humanité d'ailleurs par ma voix t'en supplie;
Elle fait, en ce jour, un appel au génie.
Nos meilleurs professeurs sont déja conviés;
Je donne mon concert pour des incendiés.
Seul voudrais-tu manquer à cette noble fête?
Non, non, je te connais; la palme qui s'apprête
Sur le cœur d'un artiste aura les premiers droits:
Servir les malheureux, ce sont là nos exploits.
De la grêle et du feu, des flots et de l'orage,
Un concert toujours prêt répare le ravage,
Et l'on dirait enfin qu'avec nos instruments,
Nous avons déclaré la guerre aux éléments.
C'est ainsi que des arts la carrière embellie
Donne à l'artiste un nom qui jamais ne s'oublie;
Et, forçant la pitié des riches éblouis,
Le rend, même en chantant, utile à son pays.
Je t'ai vu tant de fois, en des malheurs semblables,
Prêter avec transport tes talents secourables,
Que, d'un ami si vrai jugeant ici par moi,
A mes incendiés j'ai répondu de toi.
Me refuseras-tu?

RAIMOND.

Oui; finissons, de grace;
Tant d'obstination m'importune et me lasse.

REMI.

Ainsi tu ne veux pas jouer dans ce concert?

RAIMOND.

L'honneur me le défend.

ACTE IV, SCÈNE I.

REMI, *réprimant un mouvement de colère.*

Soit! le public y perd!
Et ton nom annoncé, demain dans la gazette,
Aurait fait, j'en suis sûr, grand bien à la recette;
Mais, puisque ton honneur se croirait compromis
En rendant désormais service à tes amis,
Puisque le mot concert te semble une épigramme,
Je vais faire rayer ton nom de mon programme.

RAIMOND.

Malheureux! de quel droit, m'accablant sans pitié,
Te servir de mon nom?

REMI, *avec noblesse.*

Du droit de l'amitié,
De ce droit que nos cœurs, toujours d'intelligence,
S'étaient, jusqu'à ce jour, donné depuis l'enfance;
De ce droit qui jadis partageait entre nous
Les chagrins les plus vifs, les plaisirs les plus doux.
Écoute; il faut ici te parler sans mystère;
Je suis artiste, moi! je dois être sincère.
D'après tous tes discours et ton nouvel accueil,
Je vois trop que ton cœur est malade d'orgueil,
Et que de tes amis la présence importune,
Par d'obscurs souvenirs fait rougir ta fortune,
Si l'on peut de ce nom appeler ton espoir;
Car des protections, voilà tout ton avoir;
Et ta noble maison, par avance usuraire,
Vit sur la probité de ton malheureux père.
Je vois que mon retour dérange tes desseins;
Il te force à trahir les serments les plus saints:

Tu m'as donné ta sœur, et tu veux la reprendre !
A cet auguste hymen je ne dois plus prétendre,
Et la sœur de monsieur ne peut être, aujourd'hui,
Que pour un grand seigneur, tout aussi grand que lui.
Il faut y renoncer ! Non, elle m'est trop chère !
Angéline est à moi, je la tiens de son père.
Son père est de retour, il entendra ma voix ;
Contre toi, devant lui, je défendrai mes droits.
Pourquoi renoncerais-je à ce noble hyménée ?
Je prétends accomplir ma haute destinée.
Si tu ne daignes pas descendre jusqu'à moi,
Je me ferai l'honneur de monter jusqu'à toi.
Sans m'en apercevoir, j'ai pris ton caractère ;
Je suis ambitieux, je veux être ton frère !
Adieu ! (*Revenant.*) Mais je te dois toute la vérité ;
Les grands l'entendent peu, je prends la liberté....

(*Otant son chapeau avec dérision, et le remettant.*)

Excusez ! Aux beaux-arts ta maison est fermée ;
Tu rougis des talents qui font ta renommée ;
Ton cœur ambitieux, sans borne en son desir,
Convoite les honneurs que tu ne peux saisir ;
Et par un luxe vain, dont la source est impure,
Tu veux de ta grandeur déguiser l'imposture.
Eh bien ! je te prédis ce qui t'arrivera ;
L'intrigue te soutient, elle t'élevera ;
Mais le talent te laisse un titre ineffaçable ;
Et, dans vingt ans d'ici, le public équitable
Croira voir, fusses-tu marquis, comte ou baron,
La clef d'*ut* ou de *sol* à côté de ton nom !

(*Il sort.*)

SCÈNE II.

RAIMOND *seul, dans le plus grand trouble.*

C'en est trop! Dès ce jour que notre amitié cesse.

SCÈNE III.

HORTENSE, RAIMOND, la Comtesse.

HORTENSE.

Je vous revois enfin, partagez mon ivresse.
Votre père, Raimond, oubliant nos erreurs,
Va du sort, envers nous, adoucir les rigueurs.
De tous vos créanciers il veut, par sa présence,
Calmer, dès aujourd'hui, la brutale insolence;
Et dans votre maison, dont il devient l'appui,
La paix et le bonheur sont rentrés avec lui.

RAIMOND.

Je connais sa tendresse, et ma joie est extrême!
Mais de chez le vieux duc je sors à l'instant même.
Dans notre heureux projet il est bien affermi,
Et je n'aurai jamais un plus sincère ami.
Jaloux de me servir, empressé de vous plaire,
Il a, le croiriez-vous? déja vu mon notaire;
Et ce soir, sans retard, je recevrai son nom.

HORTENSE, *avec effroi.*

Quoi! vous songez encore à cette adoption?

RAIMOND, *avec élan.*

Elle est en ce moment le seul but où j'aspire!
Aux faveurs de la cour elle va me conduire.
De l'éclat d'un grand nom, et d'un titre appuyé,
Quel chemin à mes vœux ne doit être frayé!
L'or soutiendra le titre; et, par un sort prospère,
Le titre ennoblira les trésors de mon père.

LA COMTESSE.

Bien, mon gendre, fort bien! vous voilà désormais
Dans de nobles sentiers; ne les quittez jamais.
Mais cette adoption vous est très-nécessaire;
Sans elle vous rentrez dans la classe vulgaire;
Et, tout l'or du Pérou dût-il vous être acquis,
Vous devez préférer le titre de marquis.

RAIMOND.

La faveur du destin est pour moi peu commune;
J'atteins en même temps la gloire et la fortune!
Ce soir enfin, ce soir, ma honte va finir,
Et cette adoption change mon avenir.
Mais il faut qu'en ces lieux le retour de mon père
Pour tout autre que nous soit encore un mystère.
Il faut... Voici Delmar! Vous voulez son bonheur!
Mon père m'a transmis tous ses droits sur ma sœur;
Mais il est de retour, il pourrait les reprendre,
Et ce n'est pas Delmar qu'il choisirait pour gendre.
Il faut, à son insu, formant ici ces nœuds....

HORTENSE.

Vous voulez....

RAIMOND, *bas.*
Vous saurez ce soir ce que je veux.
HORTENSE.
Je ne l'entends que trop, et mon cœur qui murmure...
LA COMTESSE.
J'approuve ce projet.

SCÈNE IV.

DELMAR, HORTENSE, RAIMOND, LA COMTESSE.

DELMAR, *entrant en riant aux éclats.*
La plaisante aventure!
HORTENSE.
Vous voilà bien joyeux!
DELMAR.
Oh! c'est pour en mourir.
HORTENSE.
Qu'est-ce donc?
LA COMTESSE.
A ce point qui peut vous réjouir?
DELMAR, *riant.*
C'est qu'on ne vit jamais incident plus comique!
Vous allez rire aussi.
HORTENSE.
Quelque trait satirique?
RAIMOND.
Quelque sot élevé dans un rang imposant?

DELMAR.

Oh! non : c'est trop commun pour être si plaisant.

HORTENSE.

De grace, qu'est-ce donc?

DELMAR, *riant*.

Un créancier barbare
A juré de troubler l'hymen qui se prépare ;
Et par un jugement, en sa faveur rendu,
Il va faire aujourd'hui saisir le prétendu.

RAIMOND.

Qu'entends-je !

LA COMTESSE.

C'est affreux !

DELMAR.

Le coup est un peu rude;
Mais il est adouci par la grande habitude.
Nous autres jeunes gens, dans ce siècle pervers,
Sommes tous exposés à ce noble revers.
Autrefois d'Israël le peuple secourable,
Par l'église opprimé fut long-temps misérable.
Maintenant, à leur tour, possédant de grands biens,
Les Juifs persécuteurs oppriment les chrétiens :
C'est un prêté rendu.

RAIMOND.

Mais quelle est donc la somme ?

RAIMOND.

Oh! mon Juif, pour un Juif, est un fort honnête homme ;
Et pour quinze cents francs, reçus depuis six mois,
C'est juste mille écus qu'à présent je lui dois.

ACTE IV, SCÈNE IV.

HORTENSE.

Oh! ce n'est presque rien.

DELMAR.

Oui, c'est une misère!
Mais il faut les trouver.

LA COMTESSE, *bas à Raimond.*

Allez voir votre père.

RAIMOND, *bas à la comtesse et très-vivement.*

Ah! que Delmar sur-tout ignore son retour.
(*A Delmar.*)
Nous refusera-t-on un délai d'un seul jour?

DELMAR.

Un délai! Sur ce point mon homme est intraitable;
La nuit doit me prêter une ombre favorable;
(*Déclamant.*)
Et, pour mieux me saisir, à Josué pareil,
Il voudrait dans sa course arrêter le soleil!
A des amis puissants, dont je connais le zèle,
J'allais porter gaîment cette triste nouvelle :
Le prince Polloski, la duchesse et Cliton
Eussent été jaloux de payer ma rançon.
Mais, en songeant vraiment à ma reconnaissance,
J'ai cru que vous deviez avoir la préférence.

RAIMOND.

Quand le nœud le plus doux ce soir va nous unir,
A quel autre que moi voudrais-tu recourir?
(*Avec importance.*)
Mon notaire en ces lieux m'a promis de se rendre;
Avec lui, sur ce point, je reviendrai m'entendre.
Au revoir, cher Delmar.

DELMAR.

Adieu, marquis.

RAIMOND, *surpris, mais flatté.*

Comment?

DELMAR.

J'ai rencontré le duc, reçois mon compliment.

(*Gaiement.*)

Avec un rang pareil, si le sort nous seconde,
Quand on a de l'argent, on va loin dans le monde.

RAIMOND.

(*Riant.*)   (*Bas à Hortense.*)

Mais peut-être... Au revoir. Chez son correspondant
Je vais trouver mon père.

HORTENSE, *de même.*

Allez, soyez prudent.

(*Raimond sort.*)

SCÈNE V.

HORTENSE, DELMAR, la Comtesse.

HORTENSE.

Vous permettrez, Delmar, qu'un instant je vous laisse;
Mais il faut que j'écrive, et déja le temps presse.

DELMAR.

Point de gêne pour moi; je suis, en ce moment,
Aux arrêts de rigueur dans votre appartement.

(*Hortense sort avec la comtesse. Delmar s'approche de la table.*)

SCÈNE VI.

DELMAR, *seul gaiement en s'asseyant.*

Son notaire, a-t-il dit, va venir : à merveille !
Faisons ce qu'aujourd'hui la raison me conseille,
Et tâchons de savoir si la dot, en effet,
Doit être un jour égale à l'honneur qu'on me fait.
(*Il prend un livre et le parcourt.*)

SCÈNE VII.

DELMAR, RAIMOND PÈRE. *Il porte sous son bras un grand porte-feuille.*

RAIMOND *père, sans voir Delmar.*

Comme de toutes parts on me flatte, on m'accueille,
Et que de qualités j'ai dans ce porte-feuille !
Quinze cent mille francs sur des gens pleins d'honneur,
Ce sont bien des respects payables au porteur.
Il faut bien les souffrir, puisque ainsi va le monde !
Sur mon fils désormais tout mon bonheur se fonde.
D'infidèles rapports l'avaient peint à mes yeux
Sous les traits effrayants de l'homme ambitieux :
Un peu de vanité l'étourdit et l'entraîne ;
Mais d'utiles conseils l'arrêteront sans peine.

(*Apercevant Delmar.*)

Que fait cet étranger tout seul dans ce salon ?
On dirait, à le voir, qu'il est de la maison.

(*A Delmar.*)

Monsieur, j'ai bien l'honneur...

DELMAR, *sans se déranger, regardant le porte-feuille.*

(*A lui-même.*)

Ah! ah! c'est le notaire! Arrivez donc, monsieur, vous êtes nécessaire. Je vous attends.

RAIMOND *père, surpris.*

Qui, moi? Veuillez me pardonner...

DELMAR, *sans quitter son livre.*

Vous avez de l'argent, vous allez m'en donner. Il me faut mille écus...

RAIMOND *père, à part.*

Quel est donc ce jeune homme?

DELMAR.

N'auriez-vous pas sur vous, par hasard, cette somme? Veuillez l'aller chercher.

RAIMOND *père, riant.*

Monsieur paraît pressé.

DELMAR.

Le contrat, sans cela, ne peut être dressé.

RAIMOND *père, à part.*

Le contrat! Que dit-il?

DELMAR.

Oui, monsieur le notaire!

(*Geste de Raimond, qui voit la méprise.*)

Et ce serait manquer une excellente affaire.

RAIMOND *père, riant.*

Mais qui donc êtes-vous?

ACTE IV, SCÈNE VII.

DELMAR, *se levant froidement.*

Qui je suis? Ah! pardon!
Pour avoir de l'argent il faut dire son nom.

RAIMOND *père, riant.*

C'est le point important, à ce que j'imagine.

DELMAR.

Je suis le prétendu de la jeune Angéline.

RAIMOND *père, encore plus surpris.*

Quoi! c'est vous...

DELMAR, *le conduisant sur le devant de la scène, lui dit en confidence et en riant:*

Eh! vraiment: puisqu'un hasard heureux
Nous fait en ce séjour rencontrer tous les deux,
Ne pourrais-je savoir, d'une façon bien sûre,
Jusqu'où peut s'élever la dot de ma future?
Elle est, dit-on, modeste...

RAIMOND *père.*

Oui, son père, en partant,
Laissa pour l'établir vingt mille francs comptant.
Il ne prévoyait pas un si grand mariage;
Car il aurait laissé sûrement davantage.
Sa fille était promise à l'un de ses amis,
(*Appuyant.*)
Jeune homme de bon sens.

DELMAR.

J'entends; quelque commis!

RAIMOND *père, à Delmar qui réfléchit.*

Ceci n'est pas d'accord avec vos espérances?

DELMAR, *en confidence, mais avec folie.*
C'est que sur cette dot j'ai reçu tant d'avances,
Qu'en prenant la petite, avant la fin du jour,
 (*Plus bas et plus gaiement encore.*)
Il faudra que je donne encore du retour.

RAIMOND père, *d'un ton goguenard.*

Oh! chassez une crainte et vaine et chimérique;
Je viens de recevoir des fonds de l'Amérique.

DELMAR, *surpris.*

Ah!

RAIMOND père.

La dot d'Angéline, à ce que je prétends,
Doit aller au-delà de sept cent mille francs.

DELMAR.

A d'autres!

RAIMOND père, *riant.*

Mon calcul n'a rien de ridicule...

DELMAR, *d'un air de doute.*

Sûrement.

RAIMOND père.

Non, monsieur.

DELMAR, *de même.*

Je ne suis pas crédule!

RAIMOND père.

Mais si je vous montrais...

DELMAR, *riant.*

Vous voulez m'effrayer.

RAIMOND père, *ouvrant le porte-feuille.*
Voici sur cette ville un assez bon papier.

ACTE IV, SCÈNE VII.

DELMAR, *stupéfait.*

Que vois-je !

RAIMOND père,

Vous voyez la fortune du père ;
Il n'a que deux enfants, la dot me paraît claire.

DELMAR.

Je reste confondu ! Quoi ! plus d'un million !
(*Avec élan.*)
Comme j'aurais aussi brigué l'adoption !

RAIMOND père, *surpris au dernier point.*

Je ne vous entends pas.

DELMAR, *légèrement.*

Chacun a sa manie !
L'un cherche la grandeur, qui souvent le renie ;
L'autre pour la fortune a des penchants innés,
Qui sont par le succès rarement couronnés.
Raimond va se donner un père respectable......

RAIMOND père.

Monsieur !

DELMAR.

J'entends, monsieur, d'un nom recommandable ;
(*Déclamant.*)
Et par son père, moi, fier de le respecter,
J'aurais placé ma gloire à me faire adopter !
Du nom de d'Orgueval il a l'ame ravie,
Et m'appeler Raimond eût fait ma seule envie.
(*Légèrement.*)
Voilà comme, ici-bas, monsieur, en tous les temps,
Les hommes de leur sort ne sont jamais contents.

RAIMOND père, *à part.*

Serait-il vrai ? mon fils ! non, je ne puis le croire.

DELMAR, *gaiement, revenant à lui.*

Mais des trois mille francs nous perdons la mémoire.
Hâtez-vous; sans cela je ne saurais sortir !

RAIMOND père.

Oh ! je ne prétends pas, monsieur, vous retenir.
Les voici. (*Il lui donne des billets.*)

DELMAR.

Trois billets ? c'est bien ! je vais vous faire
Un reçu sur la dot.

RAIMOND père.

Ce n'est pas nécessaire.

DELMAR.

Quoi ! de la confiance et de la bonne foi ?
(*A part.*)
Cet homme n'est pas né pour être homme de loi.
(*Avec folie.*)
Monsieur, soyez-en sûr, vous aurez ma pratique;
Je placerai chez vous la dot de l'Amérique :
Rédigez pour ce soir l'acte d'adoption,
(*Déclamant.*)
Et celui qui m'assure une douce union !

RAIMOND père, *surpris.*

C'est ce soir !.....
Quelle heureuse et brillante soirée !
N'y manquez pas. (*Fausse sortie.*)

RAIMOND père, *à part, gaiement.*

Ma somme est bien aventurée.

(*Sérieusement et avec amertume.*)
Mais il est des secrets, dans ce siècle de fer,
Qu'un bon père jamais ne peut payer trop cher.

DELMAR, *revenant à Raimond père.*

Voici ma prétendue.

SCÈNE VIII.

ANGÉLINE, DELMAR, RAIMOND PÈRE.

RAIMOND *père.*
     Elle est vraiment jolie !
Et sept cent mille francs...

DELMAR, *se retournant et la contemplant.*
      Comme elle est embellie !
(*S'approchant d'elle.*)
Enfin voici le jour, où mon amour comblé...

ANGÉLINE, *ingénuement.*
Mais vous ne m'en aviez, monsieur, jamais parlé.

DELMAR, *déclamant.*
Vous connaîtrez bientôt l'excès de ma tendresse ;
Vous verrez que Delmar!... Mais, pardon, je vous laisse ;
Je vais me racheter des chaînes d'Israël,
Et reviens me charger d'un lien éternel !
   (*Il lui baise la main et sort.*)

SCÈNE IX.

ANGÉLINE, RAIMOND PÈRE.

RAIMOND *père.*
Ce jeune homme, Angéline, aurait-il su te plaire ?

ANGÉLINE.
C'est, vous le savez bien, Remi que je préfère.
RAIMOND *père.*
Il sera ton époux.
ANGÉLINE.
Oh! le charmant espoir!....
Cependant, si mon frère allait trop m'en vouloir.
RAIMOND *père.*
Ton frère!
ANGÉLINE.
Cet hymen, qui malgré moi m'afflige,
Le bonheur de Raimond, à ce qu'on dit, l'exige;
Et, pour le rendre heureux, je saurai, de bon cœur,
Si vous le permettez, oublier mon bonheur.
RAIMOND *père, attendri.*
Tu voudrais... Mais, réponds : vois-tu souvent, ma chère,
Un certain d'Orgueval?...
ANGÉLINE, *ingénuement.*
Oh! silence, mon père!
On le respecte ici, c'est un grand ; et ma sœur,
Quand elle en a besoin, l'appelle monseigneur.
RAIMOND *père.*
Je conçois....
ANGÉLINE.
Sur un point veuillez même m'instruire,
Car je n'ai point compris ce qu'on vient de me dire.
Monsieur Lafleur prétend qu'un bonheur sans égal
Va donner à Raimond le nom de d'Orgueval.
RAIMOND *père, à part.*
Ingrat! il est donc vrai!

ANGÉLINE.

     Cela peut-il se faire,
Et doit-on s'appeler autrement que son père?
Je ne le conçois pas.

    RAIMOND père, à part.

     Quoi! j'ai subi l'exil;
A mon âge, des mers j'ai bravé le péril;
J'apporte à mes enfants l'honneur et l'opulence;
Je crois dans leur amour trouver ma récompense;
Et de mon fils ingrat la folle ambition
Accueille ma fortune, et repousse mon nom!
Lui! le constant objet de toute ma tendresse;
Lui! sur qui je comptais appuyer ma vieillesse,
Il voudrait me trahir! Non; je connais son cœur:
On dit qu'il est ingrat; c'est sans doute une erreur!
  (A Angéline.)
Le voici! Laissez-nous.

    ANGÉLINE, à part.

     D'où vient donc sa colère?
Et qu'ai-je dit ici qui puisse lui déplaire? (Elle sort.)

    RAIMOND père.
Pour obtenir de lui toute la vérité,
Je ne vois qu'un moyen; flattons sa vanité.

SCÈNE X.

RAIMOND fils, RAIMOND père.

RAIMOND, sans voir son père.

On m'a dit que chez moi mon père va se rendre;

7.

Et je crois en ces lieux très-prudent de l'attendre.
Si mon secret fatal jusqu'à lui parvenait...

RAIMOND *père*, *approchant*.

Ah! te voilà, Raimond; qui donc te retenait?
J'attendais ton retour avec impatience;
Quelque grand sûrement te donnait audience!
Pour être, en ce beau jour, aussi long-temps absent,
Il ne fallait rien moins qu'un motif si puissant:
Ce sont de ces faveurs qu'on ne retrouve guère,
Et l'on a, quand on veut, audience d'un père.

RAIMOND.

Je vous cherchais.

RAIMOND *père*.

Vraiment? je devine pourquoi!
Et je te sais bon gré de tes égards pour moi.
Tu venais me prier d'approuver, j'imagine,
L'heureux choix que tu fais pour ma chère Angéline.

RAIMOND.

Qu'entends-je?

RAIMOND *père*.

Ce Delmar est un homme charmant;
Et tu ne doutais pas de mon consentement.
Remi dans ses projets injustement persiste:
Ma fille ne peut plus épouser un artiste.
Delmar lui convient mieux; il me plaît; en un mot,
Je viens de lui donner mille écus sur la dot.

RAIMOND.

Quoi! vous avez daigné?...

ACTE IV, SCÈNE X.

RAIMOND *père*.

C'est l'époux de ma fille ;
Et tu sais que je suis bon père de famille.
Il n'a point de fortune, et je dois l'enrichir;
Car lorsque ta sagesse a daigné le choisir,
Je présume qu'il a ces qualités de l'ame,
Qui font, bien mieux que l'or, le bonheur d'une femme.

RAIMOND, *vivement*.

Le bonheur de ma sœur, mon père, est assuré.
A la ville, à la cour, Delmar est desiré,
Il a très-peu de biens; mais beaucoup d'espérances.
Ses intimes amis sont tous dans les finances.
Ses deux oncles sont morts dans un poste d'éclat,
Et l'un de ses cousins est conseiller d'état.

RAIMOND *père*, *riant*.

Avec ces qualités on peut être mon gendre!
Mais pourquoi me chercher, Raimond, pour me l'apprendre?
Je l'aurais su demain.

RAIMOND.

Un soin plus important
Me conduisait vers vous, mon père...

RAIMOND, *père*,

Ah! oui, j'entend.
Tu venais me prier de partager ta joie;
De souscrire au bonheur que le destin t'envoie;
Et de signer ce soir l'acte d'adoption...

RAIMOND, *à part*.

Ciel!

RAIMOND *père*.

Qui va te donner un plus illustre nom!

RAIMOND.

(*A part.*) (*Haut avec inquiétude.*)
On m'a trahi! Comment, vous savez?...

RAIMOND *père, vivement, mais avec ironie.*

Je l'approuve!
Le bonheur n'est vraiment qu'où la grandeur se trouve.
Un nom resplendissant, voilà le premier bien!
Et je voudrais aussi pouvoir changer le mien.
Je m'en occuperai, si tu me le conseilles;
Et, dût-il me coûter l'or qu'ont produit mes veilles,
Quand tu vas t'appeler le seigneur d'Orgueval,
Je le donnerais tout pour être ton égal.

RAIMOND, *à part, avec joie.*

Bonheur inespéré! Grondez, prétendus sages;
Blâmez l'ambition, elle est de tous les âges.
(*Haut, pouvant à peine contenir sa joie.*)
Eh bien! mon père, eh bien! vous m'avez prévenu,
Et le sort qui m'attend vous est déja connu.
Oui; le duc d'Orgueval en ce jour me confie
Ses titres et son nom dont je me glorifie.
Il faut vous l'avouer, ce n'était qu'en tremblant
Que je vous apportais ce secret accablant.
Je croyais vous trouver injuste, inexorable;
Mais vos vertus rendaient mon erreur excusable,
Et lorsque je craignais de vous ouvrir mon cœur,
Le vôtre souscrivait d'avance à mon bonheur.
Vous saviez que ce soir l'acte qui nous honore...

RAIMOND *père, avec indignation.*

Je le sais maintenant; car j'en doutais encore;

Et malgré ton orgueil et tes lâches discours,
Si j'en croyais mon cœur, j'en douterais toujours.

RAIMOND.

Quel langage!

RAIMOND père, *avec une ironie amère.*

Un grand nom est bien fait pour séduire;
Mais pourquoi te hâter, Raimond, de m'en instruire?
Je l'aurais su demain.

RAIMOND.

Eh! quoi : de mes projets?...

RAIMOND père.

En me les avouant, ingrat, tu m'outrageais.
Oui ; j'ai lu dans tes yeux que ton orgueil crédule
Prêtait à ma vieillesse un affreux ridicule,
Et que tu regardais déja ma vanité
Comme un complice sûr de ta lâche fierté.
Reviens de ton erreur, et connais mieux ton père;
J'ai suivi soixante ans ma modeste carrière;
Du sentier de l'honneur nul ne m'a vu sortir,
Et mon ambition, ingrat, c'est d'y mourir!
Tu veux quitter mon nom? Sur un lointain rivage,
Ai-je donc, par un crime, encouru cet outrage?
J'apporte beaucoup d'or à ta cupidité;
Mais je n'ai point là-bas laissé ma probité.
Tu veux quitter mon nom? et ton cruel délire
S'est un instant flatté de me voir y souscrire!
Renonce, si tu peux, à ton père; pour moi,
Mon devoir me défend de renoncer à toi.
Vainement tu rougis du sang qui te vit naître;
Le ciel t'a fait mon fils, il te condamne à l'être.

RAIMOND.

Ah! daignez écouter...

RAIMOND *père*.

Eh! que me direz-vous,
Qui puisse désarmer mon trop juste courroux?
Allez-vous me parler de l'hymen qui vous lie?
Ne me rappelez pas votre insigne folie ;
Par votre âge et les lois forcé d'y consentir,
Je vous avais alors promis le repentir:
Vous l'aurez; gardez-en, mon fils, la certitude.
Le remords n'est pas loin ; voici l'ingratitude !

RAIMOND.

Mon père!

RAIMOND *père*.

De me faire oublier mon devoir,
Peut-être, malheureux! conserves-tu l'espoir;
Et connaissant, pour toi, jusqu'où va ma tendresse,
Sans doute ton orgueil compte sur ma faiblesse ;
Mais ne te flatte point d'un triomphe insensé :
Car mon aveuglement désormais a cessé.
Dans le nouveau malheur dont le fardeau m'accable,
Voici ma volonté, constante, irrévocable!
Un concert, dès demain, annoncé dans Paris,
Prouvera que Raimond est fier d'être mon fils,
Ou, loin de ta famille et loin de ma patrie,
Je remporte cet or, fruit de mon industrie.

(*Montrant le porte-feuille.*)

Le voilà! tu m'entends; renonce à tes projets,
Ou renonce à ces biens que je te destinais.
Chez mon correspondant j'attendrai ta réponse.

RAIMOND.

Quoi ! cet arrêt cruel ?...

RAIMOND *père*.

Il est dicté ; prononce !
Je puis aussi trouver, adopter et chérir
Des enfants que mon nom ne fera point rougir.

(*Il sort.*)

SCÈNE XI.

RAIMOND *seul*.

Quoi ! vouloir à ce point que ma fierté s'abaisse !
Jamais ! eh ! que m'importe, après tout, la richesse.
Revêtu d'un grand nom, les faveurs de la cour
M'en dédommageront sans doute quelque jour.
Allons ! et bannissons une crainte importune ;
En marchant aux honneurs, on marche à la fortune !

FIN DU QUATRIÈME ACTE.

ACTE V.

SCÈNE PREMIÈRE.

RAIMOND, HORTENSE.

RAIMOND.

Oui, mon Hortense, enfin, tout seconde nos vœux;
Pour quelques jours mon père est absent de ces lieux.

HORTENSE.

Comment?

RAIMOND.

  Dans ses calculs voulant être tranquille,
Chez son correspondant il prend son domicile.
Dès qu'il aura fini ses opérations,
Il viendra s'entourer de nos affections,
Et dans cette demeure, à nos plaisirs commune,
Partager avec nous sa brillante fortune.
De grands biens! un grand nom! En vérité, je croi
Que le sort a formé de grands projets sur moi.

HORTENSE.

Mais songez aux égards qu'on doit à votre père.

ACTE V, SCÈNE I.

RAIMOND.

J'honore ses vertus, son noble caractère ;
Et de ses cheveux blancs le vénérable aspect
M'a pénétré tantôt d'amour et de respect.
Mais il me faut un jour, que dis-je ? une soirée,
Pour saisir cette gloire ardemment desirée.
L'abuser un instant est l'unique moyen
D'assurer mon bonheur et sans doute le tien.
La vanité d'un père est doucement flattée
Quand il voit sa famille au plus haut rang montée,
Ou que d'un fils chéri la naissante grandeur
Fait jusques sur son front rejaillir sa splendeur.
Oui, mon père oublîra mon heureux stratagême,
Puisque servir mes vœux, c'est le servir lui-même.
Des hommages flatteurs que son fils recevra,
Sa fierté chaque jour ici s'enivrera ;
Et lorsque le bonheur enfin nous environne,
On pardonne aisément à l'erreur qui le donne.
Mais son courroux dût-il contre nous éclater,
Dût-il et me maudire et me déshériter,
Lorsque je crois toucher au sort le plus prospère,
Faudra-t-il malgré moi regarder en arrière?
Et, renonçant au but où tendait ma fierté,
Rentrer en murmurant dans mon obscurité?
Non, que mon père soit à mes desseins propice,
Ou fasse sur mon cœur peser son injustice,
La porte des grandeurs s'ouvre devant mes pas ;
J'en ai franchi le seuil, je ne recule pas.

HORTENSE, *avec noblesse.*

Certes un tel projet me paraît admirable,

Et votre ambition n'a rien que de louable.
Il est beau de s'asseoir dans ces rangs élevés
Qu'à ses vrais favoris le sort a réservés,
Et de pouvoir, d'en-haut, poursuivant sa carrière,
De l'éclat de la gloire éblouir le vulgaire.
Vous ne l'ignorez pas, c'est là mon seul desir.
Et mon plus doux bonheur, ce serait d'éblouir!
Cependant la raison qui m'éclaire, sans doute,
Me montre les dangers d'une si belle route;
Elle me dit tout bas que souvent les grandeurs
N'ont, pour nous égarer, que de fausses lueurs,
Et que l'habit de cour, de si riche apparence,
Ne déguise par-fois qu'une noble indigence.
Tout chez les grands enfin peut être fausseté;
Mais, Raimond, la fortune est une vérité!
L'or n'emprunte jamais son éclat qu'à lui-même,
On l'a dit mille fois, son pouvoir est extrême!
Par lui l'auteur Timante a des admirateurs....
Madame Dalainville a des adorateurs!
Le stupide Germeuil, qui s'enrichit si vîte,
Tous les jours, dans sa caisse, amasse du mérite;
Et souvent à Paris, en roulant sa splendeur,
Le char de l'opulence écrase la grandeur.
Le riche en son palais de flatteurs s'environne;
Et, voulût-il chez lui s'élever sur un trône,
Des courtisans viendraient, empressés de le voir,
De ce roi domestique encenser le pouvoir.
Méditez donc, Raimond, ce que vous allez faire;
Craignez de vous fermer le cœur de votre père,
Et de changer ainsi, dans votre ambition,

ACTE V, SCÈNE I.

Une réalité pour une illusion.

RAIMOND.

Rassurez-vous!

HORTENSE.

Songez....

RAIMOND.

Votre attente est remplie:
Mon obscure origine est enfin ennoblie!
Vous me vouliez un titre, il comble votre espoir,
Et je suis aujourd'hui fier de vous le devoir;
Car ce sont vos conseils qui mirent dans mon ame
Cet amour des grandeurs qui m'agite et m'enflamme;
Et c'est pour satisfaire et vos parents et vous
Que d'un père adoré je brave le courroux!

HORTENSE.

Mais, Raimond!...

RAIMOND.

Tout ici nous sert et nous seconde.
Le duc n'a point appris....Voici déja du monde.
(*Regardant.*)
Quel est cet inconnu?

HORTENSE.

Recevez-le en ces lieux;
Moi, je vais réparer un oubli dangereux.
Parmi tous vos amis invités dans la ville,
Nous avons oublié, je crois, le plus utile.

RAIMOND, *avec inquiétude.*

Est-ce le comte Hermande, ou l'un de ses commis?

HORTENSE, *avec une intention très-marquée.*
Oh! non ! c'est le meilleur de vos nombreux amis.
(*Elle sort; Raimond la conduit jusqu'à la porte à gauche.*)

SCÈNE II.

RAIMOND, L'HUISSIER.

L'HUISSIER.

Je n'ai pas l'avantage, ou du moins je le pense,
D'être connu de vous; nous ferons connaissance :
(*Avec légèreté.*)
Je suis huissier, monsieur.

RAIMOND, *surpris de ses manières.*
Huissier !

L'HUISSIER.
Pour vous servir !
Ou, plutôt, pardonnez, monsieur, pour vous saisir.

RAIMOND, *vivement.*
Parlez bas.

L'HUISSIER.
Ma visite est faite pour vous plaire :
Je ne suis pas, monsieur, un huissier ordinaire;
Ne reçoit pas qui veut de mes citations,
Et je ne vais saisir que de bonnes maisons.

RAIMOND.
Je suis vraiment flatté.......

ACTE V, SCÈNE II.

L'HUISSIER, *avec fatuité*.
          Comment va la musique ?

RAIMOND.

Monsieur!

L'HUISSIER.

          J'ai pour cet art un tact, un goût unique.
Vous n'avez, selon moi, que bien peu de rivaux;
Et je vous ai souvent prodigué mes bravos :
          (*Changeant de ton.*)
Votre brillant talent..... Je viens à la requête
De Jonathas Turpin....

RAIMOND, *à part*.
          Grand dieu!

L'HUISSIER, *regardant un tableau*.
                    La belle tête!
Et l'excellent tableau!....

RAIMOND.
          Monsieur est connaisseur.

L'HUISSIER.

La peinture est un art que j'aime à la fureur.
Monsieur, ledit Turpin est porteur de créances,
Pour quinze mille écus, montant de ses avances.
          (*Regardant un tableau.*)
Il veut aujourd'hui même... Eh! mais : que vois-je là?
Un Albane, je crois; oui, vraiment, c'est cela;
Des Graces, des Amours... Il veut, aujourd'hui même,
Rentrer dans tous ses fonds, sa gêne étant extrême.

RAIMOND.

Aujourd'hui! Je ne puis remplir un tel espoir.

L'ARTISTE AMBITIEUX.

L'HUISSIER.

(*Occupé du tableau.*)
Quelle fraîcheur! Alors je ferai mon devoir;
Et remplissant, monsieur, mon cruel ministère;
    (*Occupé du tableau.*)
Avant la fin du jour.... Quelle touche légère!
 (*A Raimond.*)
Je suis désespéré!... Toutes ces danses-là
Me rappellent, vraiment, celles de l'Opéra.

RAIMOND.

Mais jusques à demain?...

L'HUISSIER.
      Le bel art que la danse!
(*A Raimond.*)
Non, monsieur, vous avez lassé notre constance.
Votre père à Paris est, dit-on, de retour,
Et nous ne pouvons plus différer d'un seul jour :
Monsieur Turpin l'exige et compte sur mon zèle....
A propos, étiez-vous à la pièce nouvelle?
Elle est d'un jeune auteur que j'ai daigné saisir
En faveur du talent qui l'a fait applaudir;
Et je viens de donner à sa muse un asyle
Où l'on a tout le temps de bien polir son style;
Son génie!...

RAIMOND, *impatienté.*

Eh! monsieur...

L'HUISSIER.
     Ah! pardon; de ce pas
Je vais chercher mes gens, et vous n'attendrez pas.

Monsieur, je suis ravi que cette circonstance
M'ait procuré l'honneur de votre connaissance :
J'estime vos talents ; et je trouve bien doux
De pouvoir faire ici quelque chose pour vous.
(*Il salue profondément et sort.*)

SCÈNE III.

RAIMOND, *seul*.

Peut-on pousser plus loin la sottise et l'audace !
Mais comment prévenir l'affront qui me menace ?
Si je perds cet éclat dont on m'a vu paré,
Je suis à tous les yeux flétri, déshonoré.
Ah ! courons me jeter aux genoux de mon père !
Lui seul peut arrêter.... courons ! Que vais-je faire ?
Renoncer à l'honneur qui m'attend aujourd'hui,
Me priver d'un grand nom et d'un brillant appui,
M'humilier, enfin ; non ! L'espoir qui m'enflamme...
On entre ! Ah ! cachons bien le trouble de mon ame !

SCÈNE IV.

DELMAR, HORTENSE, le Duc, le Notaire, RAIMOND, ANGÉLINE, la Comtesse, le Comte.

LA COMTESSE.

Pour rédiger son acte, en cet appartement
Monsieur sera, je crois, bien plus commodément.
(*Le notaire se place.*)

L'Artiste ambitieux.

DELMAR, *à part.*

Eh! mais : n'est-ce pas là cet obligeant notaire
Qui tantôt, en ces lieux... Quel est donc ce mystère?

HORTENSE, *à part.*

Je ne vois point venir mon nouvel invité;
Ce long retard m'étonne, et mon cœur agité....

LE DUC, *à Hortense.*

Par cette adoption qui désormais nous lie
La fin de ma carrière est encore embellie;
Et puisse-t-il ce nœud, pour moi plein de douceur,
De votre époux, Hortense, affaiblir la douleur;
Mais, hélas! vainement mon amitié l'espère :
Rien ne peut réparer la perte d'un bon père;
Et ses justes regrets...

LE COMTE.

Nous en viendrons à bout.

LA COMTESSE.

Le titre de marquis doit consoler de tout.

HORTENSE, *à part.*

Et je n'ose parler!...

LE DUC, *s'approchant du notaire.*

Pour finir cette affaire
Quelque autre document vous est-il nécessaire?

LE NOTAIRE.

Non, monsieur.

LE DUC, *bas.*

On peut donc, sans le consentement
Du père de Raimond....

ACTE V, SCÈNE IV.

LE NOTAIRE, *montrant des papiers.*

Très-positivement.
Sa procuration, dûment légalisée,
Lorsqu'il quitta Paris fut chez moi déposée :
Voilà pour le contrat. Quant à l'adoption,
La loi n'y met, monsieur, nulle opposition.
Le fils a vingt-cinq ans ; et, sur ce point, le Code
Est pour les jeunes gens on ne peut plus commode.
Il dit bien : « L'adopté doit, dans un cas pareil,
« De son père, s'il vit, requérir le conseil. »
Mais cet écrit du père atteste son absence ;
Il annonce, de plus, beaucoup d'indifférence ;
Et l'on peut, pour trancher toute discussion,
Adopter le majeur, pour cause d'abandon.

LE DUC.

D'abandon !

HORTENSE, *qui écoutait.*

D'abandon ! quel horrible artifice !

LE NOTAIRE, *gaiement.*

C'est pour se mettre en règle aux yeux de la justice.
(*Il va se mettre à la table ; Raimond se trouve près du duc.*)

HORTENSE.

Non, non : changez, monsieur, cette expression-là,
Car jamais mon époux ne signera cela.
(*A part.*)
Personne ne paraît !
(*Pendant tout ceci Raimond a parlé bas avec sa sœur.*)

8.

RAIMOND, *au duc.*

De cet honneur insigne
(*Au notaire.*)
Croyez que votre fils!... Lisez, et que l'on signe.

LE NOTAIRE, *écrivant.*

Une minute encore il faut se résigner;
Mais le contrat est prêt, et l'on peut le signer.

DELMAR.

Quel doux moment pour moi, si l'aimable Angéline
Accepte sans regret l'époux qu'on lui destine!

LA COMTESSE.

Je vous réponds ici, cher Delmar, de son cœur,
De sa soumission et de votre bonheur.

DELMAR.

Signons donc ce contrat qui va charmer ma vie.

RAIMOND.

Reçois-la de ma main; mon cœur te la confie.

ANGÉLINE, *à part, avec douleur.*

Mon père m'abandonne, et mon frère....

(*Il se fait un mouvement vers la table.*)

SCÈNE V.

LES MÊMES; REMI.

REMI.

Pardon!
Je viens à cet hymen mettre opposition.

ANGÉLINE, *avec joie.*

C'est Remi!

ACTE V, SCÈNE V.

LA COMTESSE.

Quelle audace!

RAIMOND, *avec dépit.*

Ah!

DELMAR.

L'étrange aventure!

REMI, *à Raimond.*

Vainement ton orgueil se révolte et murmure :
Ta sœur me fut promise; et je viens demander
Le trésor que ton père a daigné m'accorder.
Pour mes titres, messieurs, vous allez les connaître :
Je suis, je suis artiste, et, de plus, fier de l'être !

RAIMOND.

Quoi! nul respect de rang ne saurait t'arrêter?

REMI.

Je respecte les grands qui se font respecter.

RAIMOND.

Seul, je puis disposer de cette sœur chérie ;
Je la donne à Delmar....

DELMAR.

Un moment, je te prie :
Le plus cher de mes vœux est d'être son époux ;
   (*A part, gaiement.*)
Et sept cent mille francs sont un attrait si doux
   (*Haut.*)
Mais l'honneur en ce jour et m'éclaire et me guide.
Entre monsieur et moi qu'Angéline décide :
Si son cœur m'appartient, rien ne peut me l'ôter ;
Et c'est à sa candeur qu'il faut s'en rapporter.
Parlez, jeune Angéline, et, vous montrant sincère,
Dites qui de nous deux a le don de vous plaire.

ANGÉLINE, *sans hésiter, montrant Remi.*
C'est monsieur.
DELMAR, *un peu surpris.*
C'est monsieur !
ANGÉLINE.
Remi, depuis long-temps,
Quoique loin de ces lieux, occupe mes instants ;
Je l'aime ! Mais j'attends les ordres de mon frère,
Et vous épouserai, si c'est vous qu'il préfère.
DELMAR, *gaiement.*
Tant de soumission me flatte ! Cependant
L'honneur ici me donne un conseil plus prudent.
Marquis, de ce revers mon cœur souffre et murmure ;
Mais tu ne seras point à ton serment parjure :
Acquitte envers monsieur la dette de l'honneur ;
Je te rends ta parole et renonce au bonheur.
(*A part, en riant.*)
Me voilà ruiné.
LE DUC, *lui prenant la main.*
Bien ! Delmar.
REMI.
Il m'attriste ;
(*A Raimond.*)
Et c'est un si beau trait !.... Est-ce qu'il est artiste ?
DELMAR.
Artiste ! moi, monsieur ! non ; mais je fus soldat ;
J'ai gardé les vertus de mon premier état.
LA COMTESSE.
Notre aimable Angéline au duc fut toujours chère ;
Pourrait-il approuver cette union vulgaire ?

ACTE V, SCÈNE VI.

LE DUC.

Qui, moi! Sur un tel point veuillez me dispenser.....

RAIMOND, *avec véhémence.*

Non, non, et c'est vous seul qui devez prononcer.
Je reconnais vos droits, votre toute-puissance;
L'éclat de votre nom relève ma naissance :
Je ne veux faire ici rien d'indigne de vous;
Vous chérissez ma sœur, choisissez son époux!
Ne vous défendez point d'un si doux ministère;
Songez, enfin, songez que vous êtes mon père.

REMI, *avec éclat.*

Ton père! Il est donc vrai! ta folle ambition
T'entraîne malgré toi vers cette adoption :
Du démon des grandeurs ton ame est possédée,
Et dans ton cœur ingrat ta perte est décidée.
Ton père! c'est en vain que je le cherche ici!
Ton père, malheureux! ton père! le voici!

SCÈNE VI.

LES MÊMES; RAIMOND PÈRE. (*Il vient entre Raimond et Remi.*)

HORTENSE, *à part, avec joie.*

Ah!

LE DUC.

Que vois-je!

RAIMOND.

Grand dieu!

DELMAR, *riant, à part.*

Eh quoi! c'est là son père!
C'est l'homme que tantôt j'ai pris pour le notaire.

RAIMOND *père, à Hortense.*

Ma fille, j'ai reçu votre invitation,
Et je viens assister à cette adoption.

RAIMOND *fils, à Hortense.*

Quoi! c'est vous?...

HORTENSE.

A vos yeux serais-je donc coupable?
Je vous avais promis un ami véritable.

LE DUC, *à Raimond fils.*

Quoi! c'est là votre père! Il vous était rendu:
Vous vouliez me tromper... M'y serais-je attendu!

(*Avec bonté.*)

Mais, est-ce là l'instant de me montrer sévère!

(*Au père.*)   (*Au fils.*)

Je vous rends votre fils! Embrassez votre père.

RAIMOND *père.*

Mon cœur est pénétré de vos nobles vertus,
Monsieur; mais désormais vos vœux sont superflus:

(*Avec noblesse.*)

Mon fils, par une lâche et coupable faiblesse
Je ne viens point ici dégrader ma vieillesse;
J'y viens chercher ma fille, et, fort de mon courroux,
Rompre à jamais les nœuds qui m'attachent à vous.

HORTENSE.

Ciel!

RAIMOND *fils.*

Mon père! à jamais?...

ACTE V, SCÈNE VI.

LE DUC, *au père.*

De votre fille Hortense
Vous ne pouvez, Raimond, tromper la confiance;
Sa tendresse pour vous....

RAIMOND père.

Ah! son cœur m'est connu;
De ses folles erreurs il n'est point revenu :
Monsieur veut s'éloigner de la route commune,
Madame à son époux veut garder ma fortune;
Et vous voyez en eux, dans toute son ardeur,
Ici la soif du luxe, et là de la grandeur.
Et je pardonnerais! et ma lâche tendresse
A l'orgueil pour appui donnerait la richesse!
Non, non! Mon fils connaît à quel prix aujourd'hui
Il peut me rapprocher de sa femme et de lui :
Dans son modeste état qu'il rentre et s'humilie;
Il efface ses torts, et mon cœur les oublie.

ANGÉLINE.

Renonce, cher Raimond, à l'espoir qui te perd.

REMI.

Laisse-moi t'afficher pour mon premier concert.

LE DUC, *tendrement.*

Raimond, vous m'avez fait une cruelle injure;
Mais vous pouvez, d'un mot, fermer cette blessure :
Prouvez que mon estime a quelque prix pour vous,
Et d'un père outragé désarmez le courroux :
Pour un fils criminel, que la raison éclaire,
La place la plus belle est aux pieds de son père.
Tombez-y, cher Raimond.

RAIMOND.

    Oui, je vois sa douleur;
Et, malgré son silence, elle parle à mon cœur...
Mais quand le repentir vers mon père m'entraîne,
Je m'arrête, frappé d'une crainte soudaine :
S'il croyait que son fils, par l'intérêt guidé....

RAIMOND *père*.

Ah! vous m'accordez plus que je n'ai demandé.
Mon fils, le repentir n'est pas ce que j'espère ;
 (*Avec force.*)
C'est la soumission !

RAIMOND *fils, tombant à ses pieds.*

   J'obéirai, mon père.

ANGÉLINE.

Cher Raimond !

RAIMOND *père*.

   Ah! qu'un père est bien vite apaisé!
(*Le relevant.*)
J'ai retrouvé mon fils.

DELMAR, *à part, en riant.*

   Il est démarquisé.

LA COMTESSE.

Ainsi, mon gendre, ainsi, sans égard pour ma fille,
Sans respect pour le rang, le nom de sa famille,
Demain, dans un concert, aux yeux de tout Paris,
Aux yeux de nos parents.... D'avance j'en rougis ;
Mais vous n'en êtes pas où vous croyez en être ;
Et l'on a des amis qu'on vous fera connaître !
Retenez bien cela. (*Elle sort.*)

LE COMTE, *avec éclat.*

La comtesse a raison :
Mon gendre ne peut plus compromettre son nom.
Je vais à mon projet ajouter un chapitre :
« De la nécessité de lui donner un titre. » (*Il sort.*)

SCÈNE VII, ET DERNIÈRE.

LES MÊMES, *excepté* LE COMTE *et* LA COMTESSE.

HORTENSE, *voulant les suivre.*
Ah! leur douleur m'afflige, et je dois...
RAIMOND *père, la retenant.*

Mes enfants !
Ce sont les droits d'un père, ici, que je défends :
Ces droits sont assurés en ce moment prospère,
Et je suis trop heureux pour me montrer sévère.
De vos parents, ma fille, avec autorité
Je ne blesserai point la vieille vanité ;
Les préjugés du rang sont bien déchus en France :
Où la vertu paraît, la noblesse commence !
Mais enfin on peut bien excuser une erreur
Qui prend, en ce pays, sa source dans l'honneur ;
Et puisqu'à vos parents ce concert peut déplaire,
J'en affranchis Raimond : il sait ce qu'il doit faire.
LE DUC, *à Raimond.*
Vit-on jamais un père et si tendre et si bon !
RAIMOND, *à part, après avoir baisé la main de son père.*
S'il avait seulement le titre de baron !

FIN.

Nota. Au théâtre la pièce finit à ce vers :

Qui prend, en ce pays, la source dans l'honneur.

Le public aime les conversions ; mais j'ai cru devoir à ma conscience et à mon respect pour *Aristote* ce retour de *Raimond* vers l'objet de ses desirs.

www.ingramcontent.com/pod-product-compliance
Lightning Source LLC
Chambersburg PA
CBHW060150100426
42744CB00007B/977